LIVRE VIII.
DE L'VTILITE' DE L'HARMONIE, & des autres parties des Mathematiques.

Vis qu'il y a fort peu de personnes qui ne fassent plus d'estat de l'vtilité, que de la beauté, & de l'honnesteté, & que l'on n'approuue pas les pensées des Platoniciens, ou des autres Philosophes, qui se faschoient de voir la theorie des sciences reduite à la mechanique, & à la pratique, à raison qu'ils s'imaginoient que leur application à la matiere les faisoit déchoir de leur pureté; ie veux me conformer à l'aduis des premiers, tant parce que l'experience assujettie aux sens, & iustifiée en toutes sortes de manieres confirme grandement la verité des sciences contre l'opinion de ceux qui croyent qu'elles ne sont autre chose que des fantaisies de l'esprit humain, & qu'elles n'ont que l'incertitude pour leur fondement, qu'à cause que la vraye Religion ne consiste pas seulement dans la contemplation des mysteres diuins, mais aussi dans la pratique des vertus, & dans vn grand nombre d'actions tres-vtiles, par lesquelles les vrays fideles se soulagent & s'aident mutuellement. C'est pource sujet que i'ajoûte ce liure aux precedens, afin qu'il serue de quelque sorte d'instruction à ceux qui voudront vser de l'Harmonie, & des autres considerations que nous auons proposées, soit pour leur consolation particuliere, ou pour aider ceux dont ils procurent le salut.

PREMIERE PROPOSITION.

Il n'y a quasi nul art, nulle science, ou profession, à qui l'harmonie, & les liures precedens ne puissent seruir.

Ceux qui prendront la peine de lire tous nos discours n'auront pas besoin de cette proposition, dautant qu'ils rencontreront vn grand nombre d'vtilitez, que i'ay monstré dans plusieurs Propositions & Corollaires de chaque liure ; & ceux qui se contenteront de lire ce liure, en pourront vser comme d'vne table pour y trouuer ce qui leur agreera dauantage. Or il est aisé de prouuer que l'Harmonie est vtile à toutes les sciences, en la prenant dans toute l'estenduë de nos traictez ; par exemple, il se rencontre plusieurs choses dans la Geometrie, dans lesquelles se void la raison des consonances, comme ie monstre dans le 9. Theoreme du 2. liure du traité de l'Harmonie vniuerselle, dont le 3. 10. & 11. Theoremes font voir ce que les Mechaniques ont de commun auec l'Harmonie, comme les autres depuis le 5. iusques au 9. enseignent quasi tout ce qui appartient à l'Astronomie, afin de faire comprendre ce qu'elle a d'harmonieux, particulierement si l'on y ajoûte la 2. partie du 13. Theoreme, dans lequel i'explique tout ce que Platon a de plus excellent pour l'Harmonie. Les Medecins peuuent aussi tirer de l'vtilité ou du plaisir du 14. Theor. qui fait paroistre l'Harmonie dans le corps humain ; comme les Architectes ont dequoy s'exercer dans le 15. Theoreme. Il n'est pas necessaire d'aduertir que cette science peut seruir à la Physique, & à tous les Philosophes, puis qu'elle est quasi toute physique & philosophique, & qu'elle recherche & remarque les consonances iusques dans les odeurs, les saueurs, & les couleurs, comme l'on void dans le 2. Theoreme, & qu'elle enseigne l'harmonie des vers & des pieds metriques dans le premier. Les Critiques qui aiment la langue Grecque profiteront à la lecture des traictez de Bacchius & d'Euclide, lesquels i'explique dans le 17. Theoreme du premier liure ; & les Theologiens seront bien aises de voir dans le 13. & le 14. ce que c'est que la Musique diuine & la creée : de sorte que l'on trouuera fort peu de personnes qui ne puissent tirer quelque profit de nostre Harmonie : par exemple si l'on proposoit à vn Architecte la difficulté qui arriua à Minos, lors qu'il voulut construire vn sepulchre au Roy Glaucus, comme nous lisons dans l'Epistre d'Eratosthene au Roy Ptolomée, laquelle est rapportée par Daniel Barbarus sur le 3. chap. du 9. liure de Vitruue, à sçauoir qu'il feist ou qu'il donnast le dessein d'vn sepulchre royal double d'vn autre sepulchre cubique de cent pieds en tout sens, de sorte que le double sepulchre eust aussi la forme cubique, ou qu'il doublast vn autel sans changer sa figure de cube, comme il est dit dans la mesme epistre, que l'oracle d'Apollon le commanda aux Deliens, s'ils vouloient que la maladie cessast dont ils estojét affligez ; & comme nous l'auons expliqué plus au long dans le 12. chap. du 4. liure de la verité des Sciences, il en trouuera la maniere dans la 7. Prop. du 2. liure, & dans la derniere du 6. des Instrumens, où la duplication du Cube est demonstrée. S'il veut connoistre la force necessaire pour tirer vne charette & toutes sortes de fardeaux sur vn plan incliné à l'horizon, & par consequent la force de la viz sans fin, & des autres, il le sçaura par la 10. Prop. de nostre 2. liure des Mouuemens, iointe au traité des Mechaniques, qui sont à la fin du 3. liure. Si le Physicien veut sçauoir de combien l'air est plus leger, & consequemment plus rare que l'eau, il en trouuera plusieurs moyens dans la 17. & 30. Prop. du liure des Sons, lequel fournira vne grande multitude de pensées nouuelles aux Predicateurs, aux Peintres, aux dechiffreurs, qui trouueront dequoy s'occuper dans le liure des Chants, & à plusieurs autres personnes, sans qu'il soit besoin de les specifier. I'ajoûte seulement que l'on peut encore sçauoir la raison de la pesanteur de l'air à celle de l'eau, en faisant exhaler vne once d'eau de vie dans vne vessie, car si ladite eau exhalée & reduite en vapeur ne pese rien dans l'air, & par consequent que la vessie & la phiole pesent moins d'vne once qu'auparauant, & que l'once d'eau ait remply vn pied cube, l'on peut dire que le pied cube d'air pese vne once, & que la densité de l'eau est à celle de l'air comme le nombre des grosseurs égales au volume de cette eau comprise dans le pied cube est à la grosseur dudit volume ; par exemple si la grosseur de ceste once y est contenuë cent fois, aussi gros d'air que l'once d'eau pesera cent fois moins que ceste eau. L'on viendra peut estre aussi à la mesme cognoissance si l'on peut rencontrer vn corps, qui soit si leger à l'égard de l'eau, qu'il monte aussi viste du fond d'vn vase iusques à la surface, comme vne pierre descend par vn espace égal dans l'air : par exemple si ledit corps monte 12. pieds d'eau dans le temps d'vne seconde minute, il montera aussi viste dans l'eau,

De l'vtilité de l'Harmonie. 3

comme la pierre va dans l'air, & par consequent sa pesanteur aura mesme raison à celle de l'eau, que l'air à celle de la pierre : mais il est difficile de treuuer vn corps assez leger, car la moüelle de sureau est seulement 18. fois ou enuiron plus legere que l'eau; ioint que s'il arriue la mesme chose aux mouuemens des corps plus legers que l'eau lors qu'ils montent dans l'eau, qu'aux poids qui descendent dans l'air, à sçauoir qu'ils descendent aussi viste les vns que les autres, ou du moins que la difference n'en est pas sensible dans l'espace de cent pieds & dauantage, encore que les vns soient plus pesans 12. fois que les autres en mesme volume l'on ne puisse pas entierement resoudre cette difficulté par la comparaison de ces mouuemens : c'est pourquoy il est bon d'vser de toutes les voyes que i'ay donné dans les autres lieux susdits, afin qu'en confrontant toutes les experiences les vnes aux autres, l'on voye si elles se respondent, en quoy elles sont semblables ou differentes, & que l'on puisse iustifier, ou corriger les vnes par les autres.

Il faut neantmoins remarquer que quelques-vns estiment que l'air est vn corps souuerainement leger dans la nature, & qu'il ne peut estre rendu plus leger par quelque sorte de rarefaction qu'on se puisse imaginer, comme ils croyent que la terre prise en sa pureté, dont l'or approche de bien pres, est souuerainement pesante, sans qu'elle puisse deuenir plus pesante par quelque sorte de condensation.

Quoy qu'il en soit il suffit de peser l'air que nous respirons, & de le comparer à la pesanteur de nostre eau, car bien qu'il soit plein de vapeurs, & d'exhalaisons, il ne laisse pas d'estre grandement different de l'eau : quant à l'air pris dans sa plus grande pureté, lors qu'on nous en donnera, nous le peserons aussi bien que nous peserions toutes sortes de corps dans le vuide, s'il s'en pouuoit donner, par le moyen duquel nous cognoistrons la pesanteur de l'air, dans lequel ils peseroient moins que dans le vuide de la pesanteur qu'auroit l'air égal en volume ausdits corps, comme il arriue maintenant qu'ils pesent moins dans l'eau que dans l'air de la pesanteur de l'eau qui leur est égale en grandeur.

Or il faut tenir des linges chauds autour des vessies, canaux, ou autres vases, dont on vsera pour contenir l'eau de vie, ou vne autre liqueur rarefiée, pour empescher que la froideur de l'air qui les enuironne ne fasse tellement repaissir les vapeurs, qu'elles retournent en eau, ce qu'il faut faire iusques à ce qu'on ait pesé bien iustement la vessie, ou les autres vaisseaux remplis desdites vapeurs. Surquoy il faut encore remarquer qu'il n'est pas necessaire qu'elles se tornent en air pour estre aussi legeres que luy, puis que nous voyons tousiours que les fumées qui montent pardessus les cheminées, sont plus legeres, quoy qu'elles ne se conuertissent pas en air, & quelles retombent apres s'estre refroidies, & recondensées.

Le sieur Rey donne encore 3. autres moyens pour trouuer la pesanteur de l'air, dont le premier consiste à faire vn canal de leton tellement fermé par vn bout qu'il n'y demeure qu'vn petit trou au milieu, auquel celuy d'vn Æolipile plein d'eau estant appliqué, apres qu'vn embolus bien iuste comme celuy d'vne seringue aura esté poussé iusques au fond, le feu fera sortir l'eau de dedãs l'Æolipile, laquelle estant cõuertie en vapeur poussera l'embolus en haut, iusques à ce que l'eau soit toute reduite en vapeur, de sorte que le lieu du dedans du canal remply de cette vapeur, qu'il suppose d'égal vo-

A ij

lume à l'air, monstrera combien il faut de pouces d'air pour peser autant, ou pour contenir autant de matiere, ce qui est vne mesme chose, comme vn pouce d'eau. Le second moyen veut que le trou du canal soit fermé afin de presser l'air tant qu'on peut auec l'embolus, lequel estant exposé à la rigueur d'vn grãd froid vne nuit entiere, se gelera ou se tornera en eau, de sorte qu'il ne restera que l'air qui y aura pû demeurer en sa liberté, & son estenduë ordinaire, par exemple si l'on a reduit cent pouces d'air par la compression de l'embolus, à deux pouces, & que l'on trouue vn pouce d'eau glacée, ou non glacée, au fond du canal, & vn autre pouce d'air non condensé, le pouce d'eau pesera 99. pouces d'air. La 3. maniere se sert des boyaux d'vn porc bien nettoyez & tellement applatis, qu'il n'y demeure point d'air, lesquels estans mis dans vn vase plein d'eau percé en haut par vn petit trou, & fermé iustement en tous les autres endroits, si l'vn des bouts desdits boyaux sortant dehors par vn autre trou reçoit vn Æolipile, son eau s'éuaporant, & enflant les boyaux fera sortir par le petit trou du vase de l'eau de mesme volume que la vapeur, dont la grandeur estant donnée & comparée auec celle de l'eau de l'Æolipile, monstrera combien il faut de pieds, ou de pouces de vapeur ou d'air pour peser autant qu'vn pouce d'eau.

Les propositions qui suiuent font encore mieux voir en détail le profit qui se peut tirer de l'harmonie, lequel on peut appliquer à toutes sortes d'artisans, quoy que ie ne l'accommode qu'à peu de personnes, & particulierement aux Predicateurs dans la 2. Prop. & aux personnes deuotes dans la 3. comme à la Milice dans la 5. à la Morale & à la Politique dans la 6. & aux Iuges dans la 7. ce qui n'empesche pas que l'on ne puisse estendre l'vsage de l'harmonie à mille autres choses, suiuant le dessein & le besoin de chacun. A quoy l'on peut ajoûter qu'elle sert pour entendre vne grande multitude de passages, & de difficultez des liures d'Aristote, comme celles qu'il propose dans la 11. & 19. section de ses Problemes; & pour expliquer plusieurs passages de la saincte Escriture, comme l'on void dans Villalpandus, & dans le 17. article de la grande question que i'ay fait de la Musique sur le 21. verset du 4. chapitre de la Genese, où l'on void l'vsage de l'harmonie pour l'intelligence de la Bible.

PROPOSITION II.

Monstrer les vtilitez que les Predicateurs & les autres Orateurs peuuent tirer des Traitez de l'Harmonie, & des Mathematiques.

PVisque ceux qui annoncent la parole de Dieu sont les cooperateurs de Dieu συνέργοι, & qu'ils sont semblables aux Prophetes, en ce qu'ils sont comme la bouche de Dieu, & comme le sel de la terre, afin d'empescher la corruption des mœurs, & de rendre leurs auditeurs si raisonnables, si intellectuels, & si spirituels, qu'ils soient semblables à la raison suprême du Verbe eternel, qui témoigne le desir qu'il a que nous soyons vne mesme chose auec luy, il est raisonnable que nous ajoûtions cette proposition en leur faueur, afin que ceux qui doiuent estre la lumiere du monde, ne manquent pas eux mesmes de lumiere. Ie dis donc qu'ils peuuent se seruir en mille rencontres des proprietez de la lu-

De l'vtilité de l'Harmonie. 5

miere comparées à celles des sons dans tout le premier liure, & particulierement dans la 25. Proposition, & de l'effect des Echos, & des miroirs que i'ay expliquez dans la 28. Prop. du mesme liure, & ailleurs, afin d'éleuer l'esprit de leurs auditeurs à la cognoissance du Pere des lumieres, & de leur faciliter l'intelligence des rayons diuins, dont il esclaire nos entendemens, & eschauffe nos volontez. Or l'on peut dire que le Pere estant comme le centre de la Diuinité, engendre son Fils par la reflexion de toute la sphere des choses connoissables, lequel n'est pourtant qu'vne mesme chose auec luy, comme le poinct lumineux enuoyant tous ses rayons du centre à la circonference d'vne glace concaue spherique, engendre vn autre poinct égal de lumiere, qui reuient dans le poinct precedent, & y demeure comme par vne circonincession ; de sorte que c'est vne lumiere de lumiere, ce qui arriueroit au Soleil, s'il estoit au centre du monde, & si le ciel estoilé, le premier mobile, ou l'empirée estoit solide, & poly, car toute la lumiere qui tomberoit sur cette glace reuiendroit dans le mesme Soleil.

Mais les autres especes de miroirs, par exemple l'Eliptique & le Parabolique, monstrent comme nous deuons vser de toutes les creatures à la gloire de Dieu : car comme l'Ellipse, que quelques-vns appellent Ouale, renuoye tous les rayons de l'vn de ses foyers à l'autre, comme i'ay demonstré dans la 28. Prop. du premier liure, & dans le liure de la voix ; de mesme la connoissance de toutes les creatures, & de tout ce que nous considerons, doit tellement se reflechir sur la volonté, qu'elle ait autant de feu d'amour pour aimer Dieu, & le prochain, que l'entendement a de lumiere pour connoistre, afin que ces deux facultez soient comme les deux centres, ou foyers, qui portent la ressemblance de Dieu, & qu'elles ne se seruent des creatures que comme d'vne glace Elliptique, pour rapporter tout ce qu'elles ont, & ce qu'elles peuuent à la bonté de Dieu.

L'on peut ajoûter qu'il ne faut pas s'amuser à la seule écorce des creatures en considerant leur exterieur, comme font les purs Geometres, qui n'ont que la seule quantité pour l'objet de leur speculation, de peur que cet estude exterieur écarte les rayons de l'esprit, comme le conuexe, ou l'exterieur de l'Ellipse écarte les rayons de la lumiere, qui tendent à l'vn de ses foyers, & les empesche de se reflechir sur la volonté pour l'eschauffer, au lieu que l'interieur des creatures estant consideré, c'est à dire, que la contemplation de leurs vertus internes, & de leur fond, (dont on ne peut pas entendre les ressorts, si l'on n'y considere la puissance de Dieu agissant) fait reflechir la lumiere de l'entendement sur la volonté, laquelle brusleroit incessamment de l'amour de la souueraine beauté & bonté, si tous les rayons qui frappent l'esprit se reflechissoient sur elle : ioint que le conuexe de l'Ellipse peut encore seruir à ce sujet, parce qu'il écarte tellement les rayons qui viennent ou qui semblent venir de l'vn de ses foyers, qu'il les renuoye comme s'ils retournoient à l'autre, vers lequel ils tendent tous, car il est bon de se détourner quelquefois de la contemplation, & d'en faire passer les rayons à la volonté, afin qu'elle s'employe toute auec plus d'energie & d'efficace à l'amour de Dieu.

Les Predicateurs peuuent aussi vser de ces figures pour exprimer les mysteres de la Foy, par exemple, pour monstrer qu'il est aisé de croire que le corps du Sauueur peut estre contenu sous chaque parcelle de l'hostie consacrée, puisque la plus grande estenduë de lumiere que l'on puisse s'imaginer peut estre reduite à vn poinct par la glace du miroir parabolique qui reflechit tous les rayons paralleles dans son foyer, de sorte que nulle partie de lumiere ne peut frapper sa glace, quoy qu'elle fust aussi grande que le firmament, qui ne soit contenuë dans le poinct dudit foyer. Et si l'on ajoute que ce poinct lumineux enuoye ses rayons sur toute la glace, & qu'il semble quasi se reproduire soy-mesme autant de fois qu'il y a de parties & de poincts dans ladite glace, c'est à dire vne infinité de fois, l'on aura vn moyen d'expliquer comme vn mesme corps peut estre en plusieurs lieux. Or ce que i'ay dit de la lumiere peut estre appliqué aux couleurs, aux especes representatiues des objets, à la chaleur, & aux sons, sans qu'il soit besoin d'en donner d'autres exemples que ceux qui sont dans les lieux sus-alleguez, ou qui en peuuent estre deduits.

L'égalité des rayons paralleles reduits à vn poinct dans l'interieur de la parabole, & le parallelisme qui se fait sur son exterieur par les rayons qui tendent vers son foyer, peuuent encore fournir vne grande multitude de pensées pour expliquer comme tout ce qui vient de Dieu tend également à sa gloire, & auec quelle égalité nous deuons enuisager & receuoir tout ce qui vient de sa main.

Les bons esprits pourront aussi conclure par la 29. prop. du liure des sons, que les verres, dont l'vn des costez a sa conuexité hyperbolique, & l'autre est vn plan droit, rompent tellement les rayons paralleles, qu'ils se reünissent & concurrent tous en vn poinct, & par consequent que les rayons qui tombent d'vn poinct sur ladite surface se changent de diuergens en paralleles; & si l'on sçait approprier toutes les autres sections aux verres, & aux autres diaphanes, l'on sçaura changer la figure des rayons en autant de façons comme l'on fait auec les mesmes sections opaques, dont nous auons parlé: joint que l'on peut accommoder les diaphanes auec les opaques, & en composer plusieurs sortes d'instrumens pour seruir à l'œil, & pour brusler en tel lieu qu'on voudra: par exemple le conuexe diaphane hyperbolic mis pres du foyer de l'vn des miroirs opaques precedens, changera leurs rayons diuergens en paralleles.

Ils se peuuent encore seruir de ces sections pour la commodité de leurs voix, qu'ils aideront grandement s'ils font faire le derriere des chaires où ils preschent, en forme d'hyperbole, dont le foyer interne soit vers le lieu de leur bouche, car tous les rayons sonores qui frapperont les costez de l'hyperbole, se reflechiront vers leurs auditeurs; quoy que si l'on faisoit tellement le derriere de la chaire qu'il y eust trois niches, à sçauoir vne de chaque costé, & l'autre au milieu, en forme de paraboles, dont les foyers se rencontrassent vers le lieu de la bouche, les paroles s'entendroient beaucoup plus clairement des auditeurs qui seroient vis à vis desdites niches, & qui en receuroient les rayons paralleles.

Ie laisse plusieurs industries dont on peut vser aux murailles, & à la voûte des Eglises pour renforcer la voix, afin de faire voir plus particulierement en quoy nos traitez peuuent seruir à l'eloquence, tant sacrée que profane.

Premierement, la parfaite connoissance de la Musique peut seruir pour la prononciation des paroles, d'autant qu'elle traite des mesures du temps, & fait voir combien l'on peut ou l'on doit prononcer de paroles dans vne heu-

De l'vtilité de l'Harmonie.

re ou dans le temps de la harangue que l'on fait.

Secondement, elle apprend à quel ton l'on doit commencer l'oraison, ou chaque periode d'icelle, & combien il faut hausser ou baisser la voix à chaque rencontre.

En troisiesme lieu, comme il faut la renforcer, ou l'affoiblir, & la haster, ou la retarder, suiuant les differentes matieres que l'on traite, & les differents mouuemens que l'on desire imprimer dans l'esprit des auditeurs.

Quatriesmement, elle enseigne à faire les interualles qui sont propres pour chaque passion, & à flechir la voix en toutes sortes de façons, afin d'exciter à la ioye, à la tristesse, à la cholere, à la haine, & aux autres affections qui seruent pour porter l'auditeur à suiure l'intention de l'orateur.

En cinquiesme lieu, elle sert pour faire les voûtes, & disposer toutes sortes de lieux qui aident à la voix, & qui la rendent claire & distincte. C'est pourquoy les orateurs deuroient ordonner l'architecture des lieux qui sont destinez à l'eloquence, afin d'en tirer les grands auantages qui en peuuent reussir quand ils sont bastis selon les loix de l'harmonie.

Quant au premier poinct, il est aisé de determiner combien l'on doit prononcer de syllabes dans vn sermon d'vne heure, car l'experience enseigne que la plus viste prononciation ne doit estre que de sept syllabes dans vne seconde minute, comme sont celles-cy, *Benedicam Dominum*, & consequemment que l'on ne peut tout au plus prononcer que 25200. syllabes assez fort pour se faire entendre clairement & distinctement aux auditeurs, c'est à dire 26. pages semblables à celles de ce liure. Mais il est bien plus seant de parler plus lentement, quoy qu'il ne faille pas vser d'vne trop grande tardiueté; par exemple, l'on ne doit prononcer tout au plus que 3. fois plus lentement, afin que le sermon d'vne heure ait du moins 8400. syllabes, qui peuuent seruir pour auertir le Predicateur de presenter & de dedier autant de fois sa langue, son poulmon, son cœur, & son esprit à celuy dont il annonce les volontez : & s'il veut choisir la moyenne prononciation entre les deux precedentes, elle sera la mieux receue & la plus agreable : quoy qu'il doiue prendre la liberté de haster ou de retarder sa prononciation, suiuant le profit qu'il experimentera que ses auditeurs en retireront, puis qu'elle est destinée pour eux. Et pour ce sujet il pourra reciter trois ou quatre periodes de ses discours en presence de quelqu'vn de ses amis, lequel vsera d'vne horloge à secondes pour l'aduertir du temps de la meilleure prononciation : car il est certain que ceux qui parlent trop viste, ou trop tardiuement, font bien peu de fruict dans leurs predications.

Le second poinct est encore plus difficile à obseruer que le premier, parce que plusieurs donnent vn bon temps à leurs paroles, qui n'ont pas l'inflexion de la voix pour faire les passages necessaires de periode en periode, & qui ne prennent pas le meilleur ton de leurs voix aux endroits où elle doit estre plus forte & plus robuste. Or pour paruenir à cette pratique il faut apprendre vn sermon, ou partie d'iceluy, afin de le reciter en presence d'vn amy qui ait la liberté de faire prendre le propre ton à la voix, & de faire recommencer les periodes & les mouuemens de la voix, iusques à ce qu'elle se soit accoustumee aux inflexions necessaires pour exprimer toutes sortes de passions. Mais il ne faut pas s'imaginer que le chantre qui fait toutes sortes d'interualles en chantant, les fasse aussi aisément en discourant, car telles fait

A iiij

bien en recitant toutes sortes d'airs, qui n'a point quasi d'inflexion en preschant, parce que le chant & le discours sont fort differents l'vn d'auec l'autre ; quoy que celuy qui sçait chanter ait plus de facilité à remarquer & à pratiquer les interualles oratoires, que celuy qui ne sçait pas la Musique. Les Predicateurs profiteront à la lecture du Traité qu'a fait Denys Halicarnasse de la maniere dont il faut faire suiure les dictions dans les oraisons, car il monstre que la beauté des harangues dépend de l'harmonie, du nombre, & de la mutation des paroles ; & remarque que le Diapente est l'interualle ordinaire par lequel la voix se pourmene dans les harangues ; mais elle doit tousiours garder le temps long ou bref des syllabes, au lieu qu'elles sont tellement assujetties à la modulation de la Musique, que l'on peut allonger les syllabes briefues, ou accourcir les longues, comme ie prouue par les vers qu'Euripide fait chanter à Electre dans l'Oreste, à sçauoir Σῖγα σῖγα, λεύκον ἴχνος ἀρβύλης, &c. dont les trois premieres dictions se chantent sur vne mesme note.

Il monstre aussi la nature de chaque voyelle, & de chaque conso.e, afin que l'orateur choisisse les plus douces pour exprimer les sujets de la paix, & des choses agreables, & les plus rudes pour expliquer les passions vehementes, & les affaires de la guerre : de sorte que la 43. & la 50. Prop. du liure de la voix, où i'ay traité de ces lettres, peut grandement estre aidée par le discours de Halicarnasse : qui peut encore seruir pour apprendre à ceux qui taschent de restituer la maniere de chanter les Odes Grecques & Latines, qu'entre les longues syllabes il y en a de plus longues, & entre les brefues de plus brefues les vnes que les autres, comme i'ay monstré dans le Traicté de la Rythmique, de laquelle il parle en suitte pour enseigner de quels pieds ou mouuemens doiuent vser les Orateurs, & les autres dont il examine les stiles, particulierement ceux de Thucydide, de Demosthene, d'Homere, de Platon, & d'Isocrate. Or quelques interualles qu'ayent fait les anciens Orateurs, il est certain que la voix d'vn Predicateur a vne octaue entiere pour son estenduë, & que l'accent de la cholere peut monter tout d'vn coup d'vne octaue, quoy qu'elle ait coustume de se terminer au Diapente : Mais tous ces interualles doiuent estre examinez auant que d'en vser, dautant que ce qui est bon pour vne voix, ne vaut rien pour l'autre.

Et lors que le Predicateur aura remarqué le meilleur ton de sa voix, & les interualles qui luy reüssissent le mieux pour exprimer toutes sortes de passions & d'affections, il luy sera facile de se preparer vn petit baston creux où il y aura vn monochorde à vent ou à chorde, par le moyen duquel il ajustera sa voix à toutes sortes de tons, & fera tels interualles qu'il voudra fort exactement, sans que nul des auditeurs puisse s'apperceuoir de cet instrument, s'il est fait selon l'industrie que l'on void au ceruelat de la 32. Prop. du 5. liure des Instrumens, ou suiuant le petit orgue des 4. tuyaux de la 39. Propos. du 6. liure. Il peut aussi vser d'vn petit cylindre de leton, ou d'argent, soit creux ou massif, pour le mesme sujet, ou de tout ce qu'il luy plaira, puisque nos Traitez enseignent l'harmonie & le ton de toutes sortes de corps.

Le 3. poinct n'est pas de moindre consequence que les deux precedens, car le renforcement & l'augmentation de la voix a souuent vn grand pouuoir sur les auditeurs, lors que le sujet le requiert : au lieu que si l'orateur l'augmente hors de propos, il se rend ridicule, & perd le fruict de ses labeurs. Mais il est plus difficile de mesurer la force de la voix dont ie parle dans la 7. Prop. du liure des Sons, que la grandeur de ses interualles : neantmoins ce que i'ay dit cy-deuant de l'Echo peut seruir à cela, ioinct que l'on peut conjecturer de quelle force l'on parle, si l'on conte les syllabes que l'on prononce dans vn temps donné, parce que l'on a coustume d'en prononcer vn nombre d'autant moindre qu'on les prononce plus fort, pourueu que l'on parle aussi viste, & aussi fort comme il est possible.

Le 4. poinct reçoit de la lumiere du traicté de la Musique Accentuelle, & particulierement de sa derniere Propos. laquelle est adjoustée en faueur des Predicateurs : & dépend en partie du 3. poinct, puis que l'accent des passions consiste dans vne certaine vigueur & vehemence de la voix, qui porte la force des discours dans l'esprit de l'auditeur, & fait quelque fois fondre l'auditoire en larmes, ou le remplit de crainte, d'épouuante & d'horreur, soit de la laideur & malice du peché, ou de ses appanages, effects, & circonstances, & d'autresfois il le console tellement & le remplit d'vn desir si ardent de voir la gloire de Dieu, que la plus part des auditeurs voudroient mourir promptement pour entrer dans la ioüissance des plaisirs diuins.

Le dernier poinct qui parle des lieux propres pour les Oraisons, & pour les Predications, peut estre aisément compris par le moyen des discours qui sont depuis la 23. iusques à la 31. Propos. du liure de la Voix; dont ie ne veux pas parler dauantage, parce que les Predicateurs ne sont pas appellez aux desseins des Eglises, & sont contrains de se seruir des lieux qu'on leur presente.

Ie pourrois icy rapporter vne grande multitude de pensées & de comparaisons des sons, & de tout ce qui entre dans la Musique auec la lumiere & les choses spirituelles & diuines, dont les Predicateurs se peuuent seruir en mille sortes de rencontres & de sujets aussi auantageusement, & aussi vtilement que d'aucune autre chose; & mesme i'auois pris resolution de leur dresser vne table des Euangiles, & des autres sujets des predications que l'on propose durant l'année : mais ayant consideré qu'ils doiuent tous estre capables de se seruir des liures & des sciences qui y sont traitées, & qu'il y a plus de plaisir de faire soy-mesme ses inuentions, & de puiser de nouuelles moralitez des nouuelles lumieres & veritez, que de les trouuer toutes faites, i'ay desisté pour les obliger, & pour donner lieu à ceux qui ont l'esprit propre pour les inuentions, d'auoir de nouuelles pensées qui ne deuront qu'à leur trauail, aidé de la faueur que Dieu leur fait en composant leurs sermons. I'ajoûte seulement que l'on entendra du moins aussi bien la lumiere & ses effets, comme les sons & leurs proprietez, si l'on comprend la 25. la 28. & la 29. Propos. du liure des Sons, & tout ce qui est dit des sections Comiques dans le liure de la Voix; & que la 4. Prop. du liure des Consonantes, suffit pour faire voir vn essay de la maniere dont on peut puiser des moralitez des sons & de l'harmonie : à quoy l'on peut ioindre la 6. 7. & 8. Prop. auec plusieurs autres, dont les Corollaires sont pleins de plusieurs moralitez.

I. ADVERTISSEMENT.

Lusieurs Predicateurs s'imaginent que les sciences des Mathematiques ne seruent de rien à la predication, & particulierement celles que l'on appelle pures, & qui sont abstraites de la matiere: mais quand il n'y auroit que l'estat que l'on fait d'eux, lors que l'on void qu'ils sçauent solidement toutes les sciences les plus subtiles, & la bonne odeur dans laquelle ils sont enuers tous les sçauans, ils n'auroient pas sujet de les mespriser, car il n'y a point de meilleur moyen de rendre les predications grandement fructueuses, que d'acquerir la reputation de n'ignorer rien de tout ce qui se peut sçauoir, & quant & quant de faire vn si grand estat de l'Euangile, & de ce qui concerne la vraye Religion & le culte diuin, que l'on mesprise entierement les sciences à l'égard de la pieté, dautant que tous les auditeurs, de quelque condition qu'ils soient, se porteront bien plus aisément à croire ce que tels Predicateurs diront, & à imiter ce qu'ils feront, que lors qu'ils les estimeront ignorans, ou peu sçauans: ioint que les sciences les plus subtiles leur fourniront milles inuentions pour persuader la vertu, & leur affermiront le iugement en toutes sortes de rencontres. En effet le Predicateur qui sçauroit ce que ie viens de dire, & lequel neantmoins feroit cent fois plus d'estat de la pratique de la Religion, & de ce qui concerne l'honneur & le respect de tout ce qui appartient aux choses saintes, persuaderoit aisément l'excellence de la Religion à ceux qui aiment grandement les sciences, & qui s'y appliquent entierement, parce qu'ils iugeroient qu'elle est bien plus excellente qu'elles, puis qu'il en fait si grand estat, qu'il les mesprise toutes à son esgard.

Car l'on ne peut douter qu'il n'ait compris & gousté le plaisir & la beauté des sciences, puis qu'il les sçait toutes en perfection. Quant aux Predicateurs qui ne les sçauent pas, & qui les blasment, ceux qui ne se portent pas aisément à la pieté, peuuent s'imaginer qu'ils blasment les sciences, parce qu'ils sont ignorans, & qu'ils font plus d'estat de la priere, parce qu'ils n'ont pas gousté le plaisir des sciences: de sorte qu'il y a tousiours plus de profit tant pour le Predicateur que pour les autres, qu'il soit sçauant, & qu'il ait du moins quelque entrée dans toutes les sciences; Quant à la vanité que l'on pourroit craindre, elle s'euanoüit aisément, lors que les sçauans voyent ce qu'ils ignorent, & ce qu'ils ne peuuent sçauoir; & qu'ils se souuiennent du contentement qu'il y a de se tenir en la douce presence de Dieu, en l'adorant, & en s'aneantissant deuant luy, comme le rien deuant le tout, & en s'assujettissant pour l'eternité à toutes ses saintes volontez.

SECOND ADVERTISSEMENT.

LEs Predicateurs qui desirent acquerir vne bonne grace tant en leurs gestes que dans leur prononciation, peuuent faire vn grand profit à la lecture de l'onziesme liure des Institutions oratoires de Quintilien, qui parle si amplement de ce sujet, qu'il est difficile d'y adjoûter: & ceux qui desirent sçauoir toutes les qualitez des bonnes & des mauuaises voix, & leurs origines, les trouueront dans le grand fragment d'vn liure d'Aristote, cité par Porphyre, lequel François Patrice met tout entier dans le 7. liure du

De l'vtilité de l'Harmonie.

premier tome de ses Discussions Peripatetiques, page 85. & lequel suppleera à ce qui peut manquer dans nostre liure de la Voix.

Or l'on peut conclure de ceste Proposition ce que Demosthene disoit de la *prononciation*, comme remarque Quintilien au lieu sus-allegué, à sçauoir qu'elle est la principale partie de l'Eloquence : ce que sainct Augustin remarque aussi dans la 56. Epistre qu'il escrit à Dioscore, où il dit la mesme chose de *l'humilité*, à l'égard du chemin qu'il faut tenir pour viure chrestiennement, que ce grand Orateur disoit de la *prononciation* : *Ea est autem prima humilitas, secunda humilitas, tertia humilitas, & quoties interrogares, hoc dicerem, non quo alia non sint præcepta, quæ dicantur, sed nisi humilitas omnia quæcumque benefacimus & præcesserit, & comitetur, & consecuta fuerit, & proposita, quam intueamur, & apposita, cui adhæreamus, & imposita, qua reprimamur, iam nobis de aliquo bono facto gaudentibus, totum extorquet de manu superbia : vitia quippe cætera in peccatis, superbia verò etiam in rectè factis timenda est, ne illa quæ laudabiliter facta sunt, ipsius laudis cupiditate amittantur.*

III. ADVERTISSEMENT.

Il est à propos de remarquer que c'est particulierement en faueur des Predicateurs que i'ay mis toutes les moralitez qui se rencontrent dans vne grande partie des Propositions de tout cet œuure, & que pour peu d'industrie qu'ils ayent, ils peuuent vser de l'Harmonie, non seulement pour embellir & enrichir leurs predications, mais aussi pour faire des Octaues du sainct Sacrement, des Aduents, & des Caresmes tous entiers : par exemple les 8. sons du Diapason, ou les 8. tons de l'Eglise, peuuent donner le sujet des sermons d'vne octaue qui sert d'inscription à plusieurs psalmes.

Or il est aisé d'appliquer les 8. beatitudes aux 8. tons ou modes de l'Eglise, que l'on void à la fin du 6. liure des Genres & des Modes de nostre liure Latin, & d'y ioindre quant & quant les 8. premieres ou dernieres chordes de la Harpe de Dauid, ausquelles i'ay accommodé les noms de Dieu, & les degrez d'estre dans la page 1705. de nos Commentaires sur la Genese, de sorte que l'on pourra accommoder chaque ton à ce qu'on voudra bien plus auantageusement que n'a fait Georgius Venetus en son Harmonie du monde, qu'il diuise par cantiques, à raison de la plus grande connoissance que ie donne des Modes, tant esdits commentaires depuis la 1666. page, que dans la 16. 17. & 18. Prop. du 3. liure des Genres & des Modes, & souuent ailleurs : ioint que si l'on sçait vser dextrement de toutes les considerations des vers François que i'ay mis depuis la 1854. page des Commentaires susdits, on rauira les auditeurs à raison du perpetuel enthousiasme & transport harmonique qu'ils contiennent.

Les transitions ou passages d'vne consonance à l'autre par les 4. sortes de mouuemés qui sont dans le liure de la Composition, sont propres pour expliquer les manieres de passer d'vne vertu à l'autre, & de la nature à la grace : la proportion selon laquelle s'augmente la vitesse des mouuemens naturels, ou se diminuë celle des violens, enseigne comme l'on peut s'auancer de vertu en vertu. Les interualles que fait la trompette peuuent seruir pour expliquer les sons de celle qui appellera tout le monde au dernier iugement : les sons differens que fait vne mesme chorde, ou vne mesme cloche, fera voir comme vne mesme vertu en contient plusieurs autres, & par combien de motifs l'on peut pratiquer chaque vertu. Ie laisse les douze modes auec toutes leurs proprietez, & plusieurs autres choses, dont les Predicateurs peuuent vser fort auantageusement : ioint qu'ils se peuuent asseurer qu'ils entendront mieux la Musique par ces traitez, que n'ont fait Platon & Aristote, dont ils expliqueront les passages tres-aisément, & mesmes les corrigeront lors qu'il y aura de la faute : or la Proposition qui suit leur peut encore seruir, aussi bien que toutes les autres de ce liure. I'adjoûte seulement que le Predicateur se conciliera d'autant plus aisément la bienueillance de ses auditeurs, qu'ils le recognoistront plus sçauant ; & qu'il leur persuadera tres-facilement la vertu, lors qu'ils experimenteront qu'il n'y a nulle difficulté dans toutes les sciences, & les arts liberaux qu'il n'explique ; car qui est celuy qui ne croira le Predicateur és affaires de son salut & de sa conscience, quand il experimentera qu'il sçait tout ce qu'il se peut imaginer, particulierement si la saincteté de sa vie accompagne sa science ? Certes ie ne doute nullement que tous ne suiuent le sentiment de tels Predicateurs dans leurs affaires les plus serieuses, & qu'ils ne les elisent tres-volontiers pour arbitres de leurs differens : de sorte que nous pouuons à bon droict expliquer les paroles de nostre Seigneur, à sçauoir, *Vous estes le sel de la terre, & la lumiere du monde*, en faueur de ces Predicateurs.

IV. ADVERTISSEMENT.

L'Harmonie qui ne peut subsister sans la proportion de trois parties, ou voix differentes, est fort propre pour faire conceuoir la necessité des trois personnes en la bien-heureuse Trinité ; & la suite des accords qui se suiuent dans les Duos, Trios, &c. du liure de la composition, peuuent aider à faire comprendre l'ordre & la suite admirable des œuures de Dieu. Or il est à propos que les Predicateurs ioignent les liures des Preludes, & des Questions Harmoniques, & les deux du Traicté de l'Harmonie Vniuerselle à ceux-cy, s'ils desirent en tirer le fruict tout entier, par exemple ils monstreront euidemment la vanité de la Genethliaque, ou Iudiciaire, par les 3. premieres questions des Preludes : ils discoureront aisément des diuers temperamés par la quatriesme. Ils comprendront la force de la Philosophie Sceptique par toutes les questions Harmoniques, & particulierement par la seconde : & s'ils lisent nostre premier liure de la Verité des sciences, & particulierement 12. & le 14. chapitre, ils sçauront assez parfaitement tous les fondemens du Pyronisme : ioint que s'ils prennent la peine de lire les quatre liures entiers, ils trouueront mille sujets de nouuelles pensées pour leurs moralitez, & pour éleuer les esprits de leurs auditeurs à la consideration des choses diuines. Mais toutes les Propositions qui suiuent, particulierement la 3. & la 5. leur seruiront autant que celle-cy, dont il n'est pas besoin d'auertir ceux qui sçauent faire leur profit de toutes sortes de veritez.

S'ils ont besoin de lumiere pour expliquer celle de la gloire, ou la maniere dont il faut entendre les paroles de nostre Sauueur, *Ego sum lux mundi*, ou celles du Prophete Royal, *In lumine tuo videbimus lumen*, la 25. Prop. du premier liure des Sons, & plusieurs autres du mesme liure, leur ayderont à trouuer de nouuelles inuentions : ils sçauront par ce que nous auons dit de

De l'vtilité de l'Harmonie.

la vitesse & de la force du son, combien leurs voix se peuuent estendre, & de combien les auditeurs les plus esloignez oyent leurs paroles moins tost que les plus proches : ils connoistront la maniere de mesurer eux-mesmes la circonference de la terre dans peu de temps fort exactement par la 37. de nos Questions Physicomathematiques, & par consequent combien il faut de temps à leurs voix pour aller par toute la terre, suiuant le verset, *In omnem terram exiuit sonus eorum.* Ils se seruiront des principes de la Chymie, par la 28. Question, par la 16. & 17. Prop. du liure des Sons, & par la 19. Prop. du 3. liure des Instrumens.

Si les Fondeurs de cloches, ou les Facteurs d'orgues, les Organistes, & les Maistres de Chappelle les consultent dans les Eglises où ils preschent, & où ils se rencontreront, ils leur apprendront les iustes proportions de leurs instrumens, leur resoudront toutes leurs difficultez, monstreront leurs erreurs, & pourront eux mesmes faire la visite des orgues par la 37. Proposition du 6 liure des Instrumens. S'ils veulent prendre la peine de reformer les dances & les balets, & de les rendre si vtiles, qu'elles apprennent les sciences, ils en peuuent prendre le sujet de la 22. Prop. du liure des Chants ; & le reste des Prop. du mesme liure leur enseignera en quoy consistent toutes sortes de dances, & de chansons, afin qu'ils cognoissent ce que l'on doit blasmer, & qu'ils vsent des termes propres de l'art, quand ils en voudront parler : de sorte qu'ils pourront aider toutes sortes de personnes & procurer leur salut en toutes sortes de façons, afin que chacun d'eux puisse dire veritablement auec sainct Paul : *Omnia omnibus factus sum, vt omnes lucrifacerem.* Et pour ce sujet il est bon qu'ils sçachent toutes les manieres de philosophies, particulierement tous les Systemes les plus celebres, par exemple comme l'on explique toute la Philosophie par les atomes de Democrite, & d'Epicure, par les nombres formels de Pythagore, par les elemens sensibles de la Chymie, par les idées de Platon, par la condensation & la rarefaction des autres, par le *Criterium* des Sceptiques, & par les principes d'Aristote, afin qu'ils s'accommodent à la portée & aux idées de toutes sortes d'esprits.

Quant à l'objection qui se peut former contre les Mathematiques, à sçauoir que l'estude d'Euclide est nuisible aux Theologiens, comme asseure Pic de la Mirandole dans la sixiesme de ses Conclusions, & par consequent que les Predicateurs ne les doiuent pas sçauoir, il suffit de prendre sa 4. & son 11. Conclusion pour y respondre, dans lesquelles il dit que l'on peut paruenir à la connoissance de tout ce qui peut estre sceu par le moyen des nombres, qui nous font comprendre les choses intellectuelles : ioint que ie desire que les Predicateurs puissent iuger de ces Conclusions, & qu'ils en sçachent assez pour monstrer tout ce qu'elles ont de veritable ou de faux ; car ie ne voy point de raison qui les doiue assujettir à suiure l'opinion de cet auteur, n'y ayant que la seule lumiere de la foy diuine, ou la demonstration, à laquelle on se doiue rendre. Or si i'entreprenois de monstrer la fausseté de ses Conclusions, il suffiroit de produire plusieurs excellentes veritez que les Mathematiciens ont trouué dans les choses Physiques, & de mettre icy la 9. & la 10. où il asseure que l'Abbé Ioachim ne s'est serui que des nombres formels dans ses Propheties, & qu'il n'y a point de meilleur moyen pour acquerir la prophetie naturelle.

B

Mais il suffit que les Predicateurs experimentent les vtilitez qu'on tire de la Perspectiue, de la Musique, & de toutes les autres parties des Mathematiques, sans s'amuser à quantité d'objections, qui ne valent seulement pas la peine d'estre considerées, & lesquelles cet autheur n'eust pas sans doute mis en auant, s'il eust gousté ces sciences dans leur source, & qu'il en eust recueilly le fruit qu'elles peuuent produire dans les bons esprits, qui sçauent rapporter toutes leurs connoissances à Dieu. J'ajoûte seulement que sa premiere Conclusion est fausse, à sçauoir que les Mathematiques ne sont pas de vrayes sciences, si par la science il entend vne cognoissance certaine & euidente. La seconde est encore fausse, puis que toute verité peut contribuer à la felicité: ie laisse les autres, dont plusieurs ne sont pas moins esloignées de la verité que les precedentes, afin d'expliquer l'vtilité de l'Harmonie dans la vie mystique. A quoy l'on peut ajoûter tout ce que Sempilius escrit de l'excellence, & de l'vtilité des Mathematiques dans ses 2. premiers liures, & au commencement des dix autres suiuans. Quant aux proprietez des sections Comiques dont i'vse en ces deux Propositions, outre plusieurs lieux où ie les ay expliquées, par exemple dans la 514. page de nos Commentaires sur la Genese, & dans l'onziesme chapitre du 4. liure de la verité des Sciences, i'en donne encores les figures & l'explication dans la 6. Proppsition de ce liure, laquelle donnera de la lumiere à celle-cy, & à la troisiesme qui suit, & consequemment seruira encore aux Predicateurs, & aux personnes deuotes.

V. ADVERTISSEMENT.

Lors que les Predicateurs voudront éleuer leur esprit à quelque chose de grand & de sublime, pour se disposer à parler à des auditeurs qui s'entretiennent ordinairement de pensées fort releuées, ou pour se consoler eux mesmes, ie leur conseille de lire le 2. & le 3. liure *de libero arbitrio*, celuy *de vera religione, de ordine, & de beata vita*: la 3. 52. 56. 57. 85. 151. epistre de sainct Augustin, & plusieurs autres, que chacun peut choisir, & lire selon son loisir, par exemple la 12. où il enseigne comme il faut prier: si ce n'est que Dieu leur ait donné autant ou plus de lumiere qu'à ce grand Sainct, & qu'ils n'ayent besoin d'autre estude que de leur propre speculation, car nos aduertissemens ne sont pas faits pour ceux qui sont arriuez à vn tel degré.

Or quand les Predicateurs tireront de puissans motifs, & des moralitez pressantes de la plus pure Geometrie, de l'Algebre, & de toutes les autres parties, ils monstreront leur excellence & leur industrie, attendu que plusieurs croyent qu'elles ne sont pas plus propres à cela qu'vn caillou & vn rocher pour donner du miel & de l'huile; & celuy qui le fera dextrement, pourra dire que Dieu luy a donné la possession d'vne terre montagneuse, & pleine de rochers, comme celle des Israëlites, dont il est parlé dans le 32. chapitre du Deuteronome, *Constituit eum super excelsam terram*, afin qu'il en tire tous les profits spirituels qui peuuent consoler & fortifier son esprit, & celuy de ses auditeurs, conformement à ce qui suit dans le mesme verset, *Vt sugeret mel de petra, oleúmque de saxo durissimo*; & pour lors on ne dira plus que la Geometrie est plus seiche qu'vn caillou, comme il arriuera par exemple, quand les Predicateurs monstreront par la 36. du premier d'Euclide, que tous les Anges, & mesme tous les corps qui peuuent estre en Paradis, peuuent assister au sainct Sacrement de nos Autels sans quitter le Ciel, & sans miracle, comme ie fais voir dans la 876. page de la verité des Sciences, dans laquelle ils trouueront mille belles inuentions; & quand ils appliqueront toutes les proprietez de la lumiere, dont i'ay parlé depuis la 738. page des Commentaires sur la Genese, & dans le premier liure des Sons, à celle que Dieu a imprimée dans l'entendement, & à celle de la foy & de la gloire; de sorte qu'ils peuuent faire des Aduents entiers, & des Octaues sur le roc qui donne le miel, en prenant ce qui leur plaira dauantage dans les Mathematiques. Mais ils ne trouueront peut estre pas hors de propos que ie leur dresse l'idée de plusieurs predications pour l'Aduent.

Surquoy ie dy premierement que s'ils sçauent vser de l'abbregé que i'ay fait imprimer pour eux, des principales parties des Mathematiques, intitulé *Synopsis Mathematica*, qu'ils pourront choisir pour l'vn de leurs sermons quelque Proposition d'Euclide: pour le second vne proposition d'Archimede: pour le 3. vne d'Apollonius: pour le 4. vne de Serenus, ou de Menelaus, ou de Maurolyc: pour le 5. vne de l'Optique: pour le 6. vne de la Catoptrique: pour le 7. vne de la Dioptrique: pour le 8. vne de la Perspectiue: pour le 9. vne des Parallaxes: pour le 10. vne du centre de pesanteur de l'vniuers: pour l'onziesme, vne du centre des solides: pour le 12. vne de la ligne de direction: pour le 13. vne de la balance; pour le 14. vne des poids obliques: pour le 15. vne ou plusieurs des merueilles du cercle: pour le 16. vne des machines: & pour le 17. vne de l'Hydrostatique: & chaque iour l'on pourra tousiours vser d'vn mesme texte, *Vt sugeret mel de petra, oleúmque de saxo durissimo*, pour le sujet de chaque sermon; car i'ay donné tous ces Traitez dans ledit Abbregé.

Et si au lieu d'vser de toutes ces parties l'on se contente d'en prendre vne seule, par exemple les Mechaniques, l'Isorropique donnera l'inuention, & la conduite de la premiere predication; la Centrobarique de la 2. la Zygostatique de la 3. la Mochlostatique de la 4. la Trochilostatique de la 5. la Sphenostatique de la 6. la Cochleostatique de la 7. l'Hydrostatique de la 8. l'Aireostatique de la 9. la Pyrotechnie de la 10. l'Automatique de l'11. la Polymechanostatique, & Poliorcetique de la 12. & ainsi des autres. Ce que l'on peut aussi dire de la seule Optique, ou de la Catoptrique, &c. dont chacune est capable de fournir plus de matiere & de pensées qu'il n'en faut non seulement pour vn sermon, mais pour vn Aduent tout entier: par exemple l'on peut vser des 12. proprietez des miroirs droits, ou concaues pour autant de points d'vne predication, car l'Escriture saincte fournira aysément 12. moralitez pour les appliquer ausdites proprietez; & ie me persuade que les Predicateurs auront espuisé leur esprit, auant qu'ils ayent vsé de toutes les circonstances & les aydes qui se peuuent tirer des miroirs: à quoy ils peuuent ajoûter les inuentions de la 55. question sur la Genese, & ce qui est à la fin des Notes que i'ay fait sur les Problemes de Venetus; Or s'ils s'accoustument à cet vsage, & s'ils se donnent le loisir de raisonner d'eux-mesmes, ils trouueront mille sortes d'inuentions, qu'ils enrichiront tousiours de plus en plus, & feront en cette maniere que ce qui a semblé inutile iusques à present pour les choses diuines & morales, y seruira plus auantageusement que nulle autre science, comme il est aisé de conclure par tout ce que i'ay dit, & par la Prop. qui suit encore en faueur des Predicateurs.

VI. ADVERTISSEMENT.

Ceux qui ayment les moralitez puisées des Mathematiques, treuueront dequoy se contenter dans les œuures de Nicolas de Cusa Cardinal, tant en son liure de la docte Ignorance, que dans les autres traitez, tandis que ie leur prepareray la methode d'vser des plus subtiles pensées de toutes les sciences, si ie connois qu'ils se soient seruis de celles de ce liure & des autres: ce qui n'est pas malaisé, comme plusieurs s'imaginent: dont on void la preuue dans cette Proposition, & dans les deux qui suiuent. Ils trouueront aussi plusieurs moralitez dans Guilielmus Parisiensis, qu'il tire des Mathematiques, dont la Retorique diuine, & les autres traitez sont fort vtiles pour les Predicateurs.

III. PROPOSITION.

Demonstrer l'vsage des Mathematiques en faueur des Predicateurs, & la maniere de tirer des motifs d'humilité de toutes les sciences.

Il y a mille choses dans les mysteres de la Foy qui semblent impossibles aux Payens, & à ceux qui n'ont point d'autre lumiere que celle de la Philosophie Peripatetique. Mais le Predicateur qui voudra se seruir des Mathematiques pour éclarcir les difficultez de nos mysteres, & de tout ce qu'il traitera dans ses sermons, aura de tres-grands auantages; car s'il est question de comparer le finy à l'infiny pour expliquer l'vnion des deux natures dans vne mesme personne diuine, il monstrera aisément qu'vn mouuement infiny se peut faire sur vn espace finy; que le moindre cercle du monde fait autant de chemin que le plus grand qui se puisse imaginer, à chaque tour qu'ils font: que l'on peut donner vne quantité tres-petite, laquelle estant diminuée iusques à l'infiny, sera tousiours plus grande qu'vne autre quantité qui sera tousiours augmentée iusques à l'infiny; qu'on peut passer d'vne extremité à l'autre sans passer par le milieu, &c. comme ie monstre dans le quatriesme liure de la Verité des sciences, chapitre 11. & 12. Or ie donne vn exemple en particulier entre vn million qu'il est aisé de proposer; & pour ce sujet ie suppose qu'on vueille faire vn Sermon de sainct François de Paule, Instituteur de mon Ordre, & que l'on prenne le 30. verset du 29. de l'Ecclesiastique pour le theme, à sçauoir, *Minimum pro magno placeat tibi, &c.*

L'on peut premierement monstrer l'excellence des petites choses, & des Minimes de toute la nature, & de toutes les sciences, & comme le sage prefere ses quatre minimes dans le 30. chap. des Prouerbes, verset 24. de mesme l'on peut en prédre 4. pour diuiser la predication en quatre considerations, ou parties, à sçauoir le point Mathematique, lequel est le minime de la Geometrie, quoy qu'il soit le plus puissant, & qu'il engendre tout, puis que son flus engendre la ligne, & par la ligne le plan, & puis le corps par le mouuement de la surface, comme Dieu engendre son Fils par l'action de l'entendement, que l'on peut conceuoir comme le premier mouuement diuin, ou plustost comme la premiere emanation, car la pensée du mouuement est trop grossiere pour les choses diuines.

Le Pere auec le Fils produisent le Sainct Esprit, comme le point auec la ligne produisent la surface, de sorte que l'apparition du Sainct Esprit peut estre conceuë comme la surface de la Diuinité; & tous les trois produisent le monde, comme le point, la ligne & la surface engendrent le corps par leurs trois mouuemens: lequel n'est plus indiuisible comme ses causes; & si l'on

De l'vtilité de l'Harmonie. 17

compare Dieu au centre du cercle, l'on trouuera trois choses distinctes, à sçauoir le plan ou la surface du cercle, sa circonference, & le centre auquel elles aboutissent, en telle façon qu'elles se reduisent au mesme centre, lors qu'elles r'entrent d'où elles sont parties; ce que l'on peut comparer à la Trinité des personnes diuines.

Or si l'on compare ce *minime*, ou ce point à l'humilité, on monstrera que cette vertu fait ou impetre les plus grandes choses du monde, par exemple, l'Incarnation, par l'humilité de la Vierge, *Quia respexit humilitatem ancillæ suæ*, &c. & que comme le point va iusques à l'infiny par la production des corps, qu'elle monte iusques à l'infinité de Dieu, qu'elle joint à l'homme par l'vnion que l'on appelle *Hypostatique*. L'on peut encore dire en quelque maniere que l'humilité honore l'essence de Dieu, & luy fait vn hommage particulier, parce qu'elle vse du neant, qui est plus opposé à l'estre diuin que le point à la quantité, de sorte qu'on la peut appeller le plus grand ou le plus petit *minime* de tous, puis qu'elle reduit tout l'orgueil humain, & tout ce qui est creé au neant, lors qu'elle compare l'estre infiny au finy. Il est aisé de proposer plusieurs autres *minimes*, par exemple, l'instant, ou le moment, duquel, quoy qu'indiuisible, le temps semble estre composé, ou dependant, car le flux ou mouuement du moment fait tous les temps, quoy que tres-longs; & lors qu'il ne coule point, & qu'il demeure dans vn perpetuel repos, il constitué l'eternité : de sorte que ce qui est *minime*, deuient infiny en grandeur.

I'ajoûte que Dieu est aussi indiuisible que le point, encore qu'il remplisse le ciel & la terre, mais les pensées m'accablent dans ce sujet qui ne peut estre épuisé; c'est pourquoy ie viens au *minime* Arithmetic, à sçauoir l'vnité qui produit tous les nombres, & ce qui paroist bien plus estrange, les nombres ne sont autre chose que l'vnité nombrée plusieurs fois, & comme repliée en elle mesme; ce qui peut donner vn si grand nombre d'excellentes pensées pour conceuoir & expliquer l'vnité de Dieu, & ses attributs, que les volumes entiers ne sont non plus capables de les comprendre, que les proprietez de tous les nombres possibles; de sorte que si les Predicateurs s'estudient aux prerogatiues de l'vnité, ils pourront dire, *Porrò vnum est necessarium*, & n'auront iamais besoin d'autre estude pour faire tant de predications qu'ils voudront, soit en prenant vne espece d'vnion ou d'vnité pour chacune; ou les proprietez de quelque nombre, qui n'a rien qu'il ne le tire de l'vnité, comme la creature du Createur. L'vnité peut encore estre considerée comme la source du nombre infiny des parties, esquelles chaque quantité est diuisible, pour petite qu'elle puisse estre, c'est pourquoy plusieurs aduoüent l'infiny en nombre, encore qu'ils le nient en quantité, parce que l'infinité des parties est actuellement dans chaque quantité, bien qu'elle ne soit pas diuisée, de sorte qu'il n'y a rien au monde qui ne tesmoigne l'infinité des perfections diuines.

Le 3. *minime* pourra estre le centre de pesanteur de chaque corps, sur lequel est fondée vne bonne partie des Mathematiques, par exemple, la partie des Mechaniques que l'on nomme *Centrobarique*, & puis l'*Isorropique*: & parce que s'il y a des choses legeres au monde, elles ont aussi leur centre de legereté, & que toute la force des Mechaniques est considerée partir comme d'vn centre, & qu'elle a sa ligne de direction, comme il est demonstré dans le traité des Mechaniques, il est aisé de comparer les differentes proprietez de ces centres, & des directions à celle du cœur & de l'esprit de l'homme, suiuant

B iij

les differentes fins qu'il se propose, car sa fin estant son repos, comme le centre de la terre est celuy des pierres, l'on peut transferer les proprietez de l'vn à celuy de l'autre.

Le 4. *minime* peut estre consideré dans le centre ou le lieu de l'œil où se fait la vision, ou dans le point lumineux, qui remplit dans vn moment toute sa sphere d'actiuité, comme Dieu feroit par la production de toutes les creatures possibles, s'il agissoit necessairemét. Or ie laisse l'application de ces 4. *minimes* à telle vertu que l'on voudra, particulierement à la charité, laquelle est indiuisible, & n'est point entre deux extremitez, comme sont les autres vertus, parce que l'on ne peut exceder dans l'amour de Dieu. J'ajoûte seulemét que la Basse est la moindre de toutes les parties de Musique, en ce qu'elle a moindre nombre de mouuemens, c'est pourquoy elle peut estre comparée à l'vnité, car elle est la principale de toutes les parties, & le fondement de l'Harmonie, comme i'ay moustré dans la 3. Prop. du 4. liure de la Composition, & par consequent elle est semblable à l'humilité, laquelle a peu de mouuement & d'apparence, & neantmoins elle a vn grand pouuoir.

Or l'on peut appliquer tous ces *minimes* à la vie de S. François de Paule, soit en y appropriant sa profonde humilité, ou sa grande charité, & en monstrant les merueilles que Dieu a faites par son entremise en faueur de ces deux vertus, ou en s'estendant sur telle autre partie de sa vie, ou sur telle autre consideration que l'on voudra, ce qu'on peut accommoder aux autres Saincts. J'ajoûte encore quelques autres considerations qui peuuent seruir aux Predicateurs, par exemple, si l'on veut prendre les 3. sortes de lignes imaginables, dont l'vne est bornée & limitée par des points de tous les deux costez, & par consequent finie absolument, la seconde est bornée d'vn costé & infinie de l'autre, & la 3. est infinie des 2. costez; l'on trouuera encore plusieurs inuentions pour expliquer les bornes de la simple creature, les bornes de nostre Seigneur du costé de son humanité, & l'immensité absoluë du costé de la Diuinité: & si l'on considere le peu de figures regulieres qui remplissent le lieu, à sçauoir le triangle equilateral, le quarré, & l'exagone, comme le seul cube entre les corps, la capacité du cercle pour estre la plus grande figure de toutes les Isoperimetres, & en fin tout ce que l'on prise dans la Geometrie, il n'y aura pas moyen de l'épuiser, & il y restera tousiours plus de pensées propres pour esleuer l'esprit à Dieu, que celles dont on aura vsé, côme l'on auoüera lors qu'on aura compris l'excellence & l'vtilité des raisons & des proportions dont ie traite assez amplement dans le second liure de la verité des Sciences, & à la fin de cetuy-cy.

Or il est tres-aisé de tirer de l'humilité de toutes les sciences pour satisfaire à la 2. partie de cette Proposition, car sans parler de la Physique, dans laquelle les plus excellens esprits auoüent franchement qu'ils ne comprennent quasi rien, nous ne sçauons pas comme nous entendons & comme nous raisonnons dans la Logique, puis que nous ne comprenons nullement comme se font dans nous les operations de l'esprit, non plus que celles de la volonté pour la morale; de sorte que nous sommes aussi peu sçauans en cette matiere, comme si cela se passoit chez vn autre, & dehors nous. Et si nous considerons les Mathematiques les plus pures, nostre esprit se trouue si souuent abysmé dans ses difficultez, qu'il est contraint d'auoüer qu'il ne sçait rien à parler dans la rigueur, comme chacun ressent dans soy mesme, lors qu'il considere la quantité infinie; soit par exemple la ligne A B tirée à l'infiny,

De l'vtilité de l'Harmonie.

de sorte qu'elle soit infinie tant du costé d'A que de celuy de B, si l'on en oste la partie

A————————C————D————————B

CD, elle sera finie en C & en D, de sorte que la soustraction d'vne partie finie rendra finy ce qui estoit infiny, quoy qu'il demeure encore infiny vers A & B: Et si l'on dit que la partie CD, ou telle autre qu'on voudra, n'est qu'vne partie aliquante, qui ne diminuë pas le tout, & non vne partie aliquote, ou qu'elle n'est pas vne partie de l'infiny, mais seulement dans l'infiny, le sens de ceux qui n'espousent que la verité, semble auoir de la peine & de la repugnance à accorder cette distinction de parties, & quand il l'aduoüeroit, cela ne luy satisfait pas, car soit que la ligne CD estant repliquée, & repetée vne infinité de fois, puisse faire vne ligne infinie, ou qu'elle ne le puisse, tout ce que l'on peut s'imaginer de plus raisonnable, semble destruire tantost l'infiny, & tantost le finy, dautant que si cette ligne n'est composée d'vne infinité de parties égales à CD, ou à telle autre ligne que l'on voudra, comment est-elle vn tout à l'égard de ses parties ? & si elle est composée de parties terminées, comment peut-elle estre infinie ? puis que ce qui est finy ne peut iamais deuenir infiny. De là vient que quelques-vns disent qu'vne ligne infinie n'a point de parties, d'où il s'ensuit qu'elle est indiuisible, de sorte que la quantité souuerainement grande, c'est à dire infinie, se reuest de la nature du point, & est comme vn point infiny, de mesme que l'eternité de Dieu, laquelle est indiuisible, comme son immensité, & que la souueraine grandeur a la mesme proprieté que la souueraine petitesse. Aussi voyons-nous que les Mathematiques considerent seulement la quantité finie, qui borne la portée de l'esprit humain, sans qu'il puisse penetrer, ny mesme considerer l'infinie, sans s'embarasser en mille contradictions, dont il ne peut se desgager, non plus que l'oyseau pris à la glus ou au ré, & au filet. C'est pourquoy plusieurs nient qu'il y puisse auoir autre infiny que Dieu, qui surpasse toute sorte de contradiction, & consequemment que le monde n'a peû estre de toute eternité, & que l'esprit creé, quoy que bienheureux dans le Ciel, ne pourra comprendre l'infinité de Dieu, & qu'autrement il s'ensuiuroit qu'il seroit luy mesme infiny : de sorte que l'infinité enferme, ce semble, necessairement l'indiuisibilité, l'incomprehensibilité, & l'independance : c'est pourquoy toutes les parties qui se peuuent retrancher de la ligne infinie, seroient plustost des parties dans l'infiny, que de l'infiny. Il y en a d'autres qui, faisant chaque ligne composée d'vne infinité de points, disent qu'il y a des infinis plus grands les vns que les autres, selon la raison donnée, effable ou ineffable. Et bien que l'on considere seulement la quantité finie, l'esprit se trouue encore arresté, lors qu'il void que la moindre ligne, par exemple CD, a autant de parties qu'AD, puis que l'on peut tirer vne infinité de lignes tant sur l'vne que sur l'autre, par où quelques-vns s'efforcent de prouuer qu'vn cercle tres-petit est égal à vn tres-grand ; & que l'vne & l'autre est diuisible en vne infinité de parties ; de sorte que ce qui est finy est infiny : ce que l'on trouue aussi bien dans la lumiere & dans les autres qualitez diuisibles à l'infiny, que dans les lignes ; d'où l'on peut conclure que tout ce qui est, porte le caractere diuin, qui tesmoigne l'infinité absoluë du Createur, & qui monstre que la iurisdiction de l'esprit humain est entre ces deux sortes d'infiny, sans qu'il puisse l'estendre d'vn costé ny d'autre, & qu'il a de merueilleux sujets de s'humilier lors qu'il considere son peu de lumiere, & son ignorance, laquelle est si grande, qu'il ne comprend rien en perfection, & qu'il est aueugle au milieu des premiers principes, qui feruent comme d'Alphabet à la nature, ioint qu'il connoist si peu de choses dans les termes du finy, qu'il n'y a rien au monde, de quelque façon qu'on le puisse prendre, dont il n'ignore beaucoup plus de choses qu'il n'en sçait: ce qui est si aisé à demonstrer en parcourant tous les objets des sens, & les manieres dont l'esprit ou ses facultez spirituelles, ou les corporelles, côme la vûe & l'oüye, reçoiuent leurs images & leurs empreintes, que nous pouuons dire qu'il n'y a rien de si propre à l'homme que de monstrer & de sçauoir qu'il ne sçait rien, à proprement parler, & suiuant les conditions & les proprietez d'vne parfaite science. Ie n'aurois iamais fait si i'entreprenois le catalogue de tout ce qu'ignorent les meilleurs esprits du monde; & il suffit que les Predicateurs se seruent de la premiere chose qui leur viendra dans l'esprit pour conuaincre leurs auditeurs d'vne épouuantable ignorance, afin de leur planter l'humilité si auant dans l'esprit, qu'ils n'ayent iamais la hardiesse de s'enorgueillir, & qu'ils n'ayent point d'autre soin plus grand que de seruir Dieu en l'adorant, & en l'aymant, iusques à ce qu'il les despoüille de l'ignorance qui les accompagne maintenant, pour les reuestir de la lumiere de gloire, dont l'esperance nous met ces excellentes paroles du Psalme 35. dans la bouche: *Torrente voluptatis potabis eos; quoniam apud te est fons vitæ, & in lumine tuo videbimus lumen.*

PROPOSITION IV.

Expliquer en quoy l'Harmonie peut seruir à la vie spirituelle, à l'oraison, & à la contemplation.

IL y a de certaines personnes qui blasment ou mesprisent les sciences, particulierement toutes les parties des Mathematiques, sous pretexte de pieté, à laquelle ils s'imaginent qu'elles sont contraires, ou qu'elles nuisent, parce qu'ils ne les sçauent pas, ausquels on peut accommoder les paroles de sainct Iude, *Quæcumque ignorant, blasphemant*: mais puis qu'il est certain qu'il n'y a point de plus mauuais iuges que les ignorans, il ne s'y faut pas arrester, si l'on ne veut quant & quant maintenir qu'il faut quitter ou mespriser les degrez de la nature, comme s'ils repugnoient ou nuisoient à ceux de la grace ou de la gloire.

Il me semble que ceux qui veulent bannir les sciences de la vie religieuse, sont quasi semblables à Iulien l'Apostat, qui vouloit defendre l'estude aux Chrestiens, afin qu'estant destituez de la lumiere des sciences, ils deuinssent si stupides qu'ils ne peussent se deffendre contre les attaques des payens, & ne peussent respondre à leurs objections. I'adoüe librement que ie ne suis pas de cet aduis, & que si les personnes deuotes sçauoient toutes les sciences en perfection, par exemple, si vn Religieux sçauoit la Philosophie aussi bien ou mieux que Platon & Aristote, & la Geometrie aussi bien qu'Euclide, Archimede, & Pergæus, qu'il auroit de grands auantages pour s'esleuer à Dieu, & pour tirer des profits spirituels de mille choses, dont les ignorans sont incapables: car il ne suffit pas de dire que Dieu donne plus de lumiere & de deuotion dans vn moment à vn ame ignorante, que l'on fait passer sous le nom de simple & debonnaire, que toutes les sciences n'en peuuent apporter en mille ans, attendu que les sçauans ne sont pas moins susceptibles de la mesme faueur de Dieu, lors qu'ils se resignent entieremét à sa volonté, & qu'ils vsent de leurs sciences à son honneur & pour sa gloire:

De l'vtilité de l'Harmonie.

ioint qu'ils ne font pas si sujets aux illusions du mauuais esprit, & de la deuotion fausse & simulée, comme sont les autres; & qu'ils sont beaucoup plus capables de discerner en quoy cósiste la solidité de la vie spirituelle, à laquelle les subtiles pensées des sciences les plus abstruses peuuent seruir de quelque sorte de preparation ou de disposition. Ce n'est pas que l'on ne puisse abuser des sciences, qui peuuent enfler vn esprit mal fait, qui ne les possede pas comme il doit: mais il ne faut pas blasmer les bonnes choses sous pretexte de l'abus? que l'on doit seulement corriger. Voyons donc maintenant si l'on peut tirer du profit spirituel de l'Harmonie, quoy qu'elle ne soit, ce semble, pas si sublime que les autres sciences; & croyant que Dieu n'est pas moins Dieu des sciences que de la grace, *Deus scientiarum Dominus, & ipsi præparantur cogitationes*, preparons luy nos ames & nos pensées par le concert des vertus, dont on peut voir l'Harmonie dans Platon, lors qu'il marque les principales consonances dans les facultez de l'ame.

Ie ne repete point ce qui se void dans le discours de l'Vnisson, & en plusieurs propositions du premier liure des Consonances, & des autres, qui contiennent plusieurs pensées propres pour la deuotion; i'ajoûte seulement quelques nouuelles considerations tirées des sections precedentes; & dis que l'on peut s'enflammer en l'amour diuin par la comparaison du brasier ardent que produisent les rayons paralleles dans le foyer parabolique, hyperbolique, ou elliptique, puis que toutes les pensées que nous auons des creatures, des sciences, ou des perfections diuines, se reflechissant sur la volonté, sont capables de luy faire dire, *In meditatione mea exardescet ignis*; & que ce feu est aussi puissant pour faire mespriser l'or & l'argent, & tout ce qui nous peut priuer de la grace, comme le feu du foyer parabolic, &c. est capable de calciner ces métaux, de les fondre, & de brusler tout ce qui s'y oppose.

Et si au lieu que Dieu se plaint de son peuple lors qu'il dit, *Factus sum illis in parabolam*, nous le prenons d'vn autre sens, suiuant la proprieté de nostre Parabole Conique, il sera vne parabole qui fera brusler nostre cœur de son amour, & vne hyperbole, qui ramassera & reünira nos pensées distraites, *Dispersiones Israël congregabit*, & les fera aboutir à ce seul point, dont il est dit, *Porrò vnum est necessarium*. Si ie voulois m'estendre à monstrer le profit spirituel que l'on peut tirer des differentes reflexions de la lumiere, des sons, & de leur concurrence, diuergence, & parallelisme, il faudroit vn volume entier: mais il suffit d'en auoir apporté vn eschantillon pour donner sujet aux personnes spirituelles, à qui il appartient de iuger de toutes choses, comme sainct Paul enseigne, *Spiritualis autem iudicat omnia*, de rendre toutes les sciences vtiles, & de les sanctifier par le bon vsage qu'ils en feront, n'y ayant, à mon auis, nulle chose au monde qui nous puisse éleuer si aisément à Dieu, que ce qui est desia intellectuel, & ce qui auoisine, ce semble, de plus pres les Anges, comme l'on peut faire voir par mille demonstrations Geometriques, qui surmontent si fort la portée de l'imagination, qu'il n'est pas quasi possible de l'exprimer, & que si l'on peut expliquer les choses diuines auec quelque sorte de rapport & de contentement particulier, l'on ne puisse, peut estre, pas l'executer plus heureusement que par la lumiere des Mathematiques. Mais il seroit à desirer que quelque excellent esprit les eust reduites en vn tel ordre, & en telle perfection, que chacun les peust apprendre en peu de temps, & que du moins l'on sceust l'art de les employer à la vertu & à la pieté dans vn ou deux ans. Or quoy qu'il en soit, ce que nous auós dit de la proprieté des Sections, peut apprendre à chacun à transporter tous les merites des plus spirituels, & des plus grands amis de Dieu à nostre vsage, & à nostre profit: car si nous imitons le concaue elliptique, nous transfererons le brasier ardent de l'amour qu'ils ont pour Dieu, de leur cœur au nostre, comme l'ellipse porte tous les rayons de l'vn de ses foyers à l'autre, afin de iustifier la pensée du Prophete royal, *Particeps ego sum omnium timentium te, &c.* & mesmes nous pourrons nous approprier la lumiere des sciences, & le feu qui en sort, & qu'ils negligent, en imitant le conuexe hyperbolique, qui ramasse dans le foyer exterieur ce qui fuit l'interieur: & par ce moyen nous cultiuerons la science des Saints, qui consiste particulierement à rapporter toutes nos pensées & nos œuures à celuy dont elles dépendent plus que de nous mesmes, & à nous rendre Ingenieurs pour procurer le salut de tout le monde, à l'exemple du Saint des Saints qui s'y est toûsiours employé tandis qu'il a vescu parmy nous sur la terre.

I. ADVERTISSEMENT.

L'Intention de ce discours n'est pas que les sciences soient absolument necessaires pour la vie spirituelle, puis que nous experimentons que plusieurs qui n'en ont pas la cognoissance, cultiuent la pieté, & sont des miroirs de vertu; mais il sert seulement pour monstrer que ceux qui les sçauent en quelque perfection que l'on se puisse imaginer, ont de grands auantages, s'ils s'en veulent preualoir, attendu que Dieu à coustume de s'accommoder à la capacité des esprits qui l'adorent en esprit & en verité: de sorte que les excellents Geometres & Analystes sont fort reprehensibles s'ils laissent perdre l'occasion qu'ils ont de tirer les profits spirituels des lumieres que Dieu leur a donné, & s'ils se laissent éuanoüir dans leurs pensées, sans adorer eternellement, & sans aymer ardemment celuy qui en est la source & l'origine. Au reste lors que saint Paul a dit que la Philosophie trompe & seduit, il entend de celle qui est vaine & inutile, c'est à dire qui ne prend pas la verité pour sa base, comme est celle de la genealogie des Dieux, & des regles de la Iudiciaire; mais celle qui n'a point d'autre fondement, ny d'autre but que la verité, ne peut estre reprehensible, puis que cette verité est l'image de la Verité eternelle. Et lors qu'il estime ne sçauoir rien que Christ crucifié, cela doit estre entendu prudemment, entant qu'il ne prisoit rien toutes ses autres connoissances à l'égard de celle de la Croix, à laquelle il les rapportoit, comme tous les Chrestiens doiuent y rapporter toutes leurs sciences, afin de les animer de l'esprit de la grace qui nous fait estre les enfans de Dieu. A quoy l'on peut ajoûter que de sçauoir toutes les sciences est en quelque façon connoistre I. Christ, puis qu'il contient les thresors de la sagesse & de la science de Dieu, *In quo sunt thesauri sapientiæ & scientiæ Dei*, dont la nostre est comme vn petit rayon, qui se ressent de son origine; de sorte que les plus sçauans peuuent dire en quelque façon qu'ils entrent plus auant que les autres dans les thresors de Iesus Christ, & que la science des Mechaniques, qui leur apprend la maniere de remuer la terre, & tous les elemens, de faire que toute la mer ne pese qu'vne liure, & la Catoptrique qui enseigne de faire tout ce que l'on veut de la lumiere, & des sons, &c. les rendent participans de sa puissance.

A quoy l'on peut ajoûter le sentiment des anciens Peres de l'Eglise, qui

De l'vtilité de l'Harmonie. 23

disent que ceux-là sont Chrestiens qui viuent raisonnablement, de sorte que la vie raisonnable, & la Chrestienne semblent estre vne mesme chose, comme il est aisé de couclure par les paroles de Iustin le Martyr dans sa 2. Apologie pour les Chrestiens, *Quicumque cum ratione, & verbo vixerunt, Christiani sunt, quamuis Athei, & nullius numinis cultores habiti sunt*, tels qu'ont esté Socrate & Heraclite entre les Grecs : Car la raison dont nous vsons, est vne impression & vn charactere de la raison diuine, ou du Verbe eternel. Et sainct Thomas enseigne dans la premiere seconde, quest. 109. art. 3. que toutes les creatures aiment naturellement Dieu plus qu'elles ne s'ayment elles mesmes, pource que la partie prefere le tout à soy-mesme : c'est en ce sens que sainct Denys escrit que Dieu attire, & conuertit toutes choses à son amour, & que sainct Thomas dit que toutes choses operent, parce qu'elles desirent d'estre semblables à Dieu, *Omnia entia affectant Dei similitudinem, & propterea operantur.*

Mais parce qu'apres l'absence de la iustice originelle, qui conseruoit l'vsage de la raison dans sa perfection, l'entendement des hommes est deineuré tellement obscurcy, qu'il n'y a quasi nul Philosophe qui ne soit tombé en quelque erreur, & qui ait reconnu la souueraine raison comme il deuoit, Dieu nous a voulu illuminer, & enseigner par sa loy, renouuellée dans celle de la grace, afin de nous remettre dans le vray vsage de la raison, qui consiste particulierement à luy rendre nos deuoirs, à l'adorer, & à l'aimer par dessus toutes choses, & tous les autres hommes comme nous mesmes. D'où ie conclus que chaque science, & chaque vertu est vn charactere & vn rayon particulier, qui nous fait remarquer autant de perfections en Dieu, & qui nous doit seruir d'vne chaisne d'aymant, qui nous lie inseparablement à son seruice, & à son amour.

Or si l'on enuisage les sciences de ce biais, & qu'on les considere seulement comme des participations de celle de Iesus-Christ, agissant en nous par sa lumiere, & par tout ce que nous ressentons dans toutes nos puissances, il n'y aura rien dans nous qui ne l'adore, & ne le benisse, suiuant ce que chante l'Eglise, *Benedic anima mea Domino, & omnia quæ intra me sunt nomini sancto eius*; & qui quant & quant ne nous face desirer de le voir à descouuert dans la gloire, qu'il prepare & qu'il a acquise pour tous ceux qui cultiuent les sciences pour son honneur, & pour expliquer ses grandeurs, comme nous lisons dans la saincte Escriture, *Qui elucidant me, vitam æternam habebunt:* & dans vn autre lieu, *Qui autem docti fuerint, fulgebunt vt splendor firmamenti.* Ce que l'on peut appliquer à ceux qui monstrent que toutes les sciences que nous auons, & que toute la bonté de nos actions ne sont autre chose qu'vne communication de celles de Iesus-Christ; de sorte que tout ce que nous faisons n'est quasi qu'vne explication de la longueur, largeur & profondeur des thresors de la Diuinité, & l'expression du charactere que Dieu a imprimé dans nous. I'ajoûte seulement que la grande science de sainct Augustin n'a pas diminué sa deuotion, & que la lecture de sa troisiesme epistre, qu'il enuoye à Volusian, où il monstre que la charité comprend les sciences, auec plusieurs autres de ses epistres & de ses traitez, comme sont ceux du franc-arbitre, de la vraye Religion, de la quantité de l'ame, &c. monstrent euidemment combien elle luy a profité, & la difference qu'il y a de la deuotion d'vn homme ignorant & d'vn sçauant, soit qu'il ait acquis la science par son labeur, ou qu'elle luy ait esté donnée & infuse sans estude.

Il n'est pas besoin d'vser de l'autorité des Peres anciens de l'Eglise tant Grecque que Latine pour prouuer cette verité, puis que nostre siecle nous fait voir la grande saincteté de vie, jointe à des sciences si profondes, en cette admirable societé, qui porte le sainct nom du Sauueur pour ses armes & pour sa deuise, & en celle que gouuerne maintenant cet homme incomparable, qui a les sciences en vn si haut degré, qu'il est capable d'accorder les differens de tous les Philosophes, & qui neantmoins est si esleué en Dieu, que si la maniere de raisonner des Platoniciens & de ceux qui font les ames des hommes de differens ordres, comme les Anges, estoit veritable, l'on pourroit s'imaginer que la science est de l'ordre des Cherubins, ou des Seraphins, de sorte que ceux de sa compagnie sont grandement obligez à Dieu de leur auoir donné ce grand personnage pour le conducteur general de leur armée, dans laquelle i'en connois qui ont tellement conjoint la pieté auec leur grande erudition, que ceux qui ont l'honneur de conuerser auec eux, pour sçauans qu'ils soient, les estiment comme des miracles de la nature & de la grace, à raison des vûes extraordinaires qu'ils ont des thresors de la sagesse, & de la science de Dieu, & de l'vnion qu'ils ont auec Iesus-Christ, laquelle ils impriment si auant dans l'esprit de ceux qui les hantent, qu'il est difficile de les quitter sans ressentir vn desir tres-ardent de deuenir vne mesme chose auec Iesus-Christ, suiuant le desir qu'il en exprime en ces termes: *Pro eis ego sanctifico meipsum, vt sint & ipsi sanctificati in veritate*; & peu apres, *Vt omnes vnum sint, sicut tu pater in me, & ego in te, vt ipsi in nobis vnum sint*; qui sont des paroles si sublimes & significatiues, qu'elles sont capables d'occuper eternellement la pensée des hommes & des Anges, aussi bien que celles qui acheuent le 17. chapitre de sainct Iean, *Vt dilectio, quâ dilexisti me, in ipsis sit, & ego in ipsis*; Or l'amour du pere enuers son fils n'est pas vne chose distincte du pere, mais vne mesme chose auec luy; de sorte que si nous considerons attentiuement la maniere dont Dieu est en nous, & comme il y est le principe de nostre estre, de nos facultez, & de nos actions, nous commencerons dés cette vie à gouster le plaisir de la beatitude, qui consiste à luy estre tellement assujettis, que nous ressentions l'effet des paroles de sainct Paul chap. 15. de la 1. aux Corinthiens, *Vt sit Deus omnia in omnibus*.

II. ADVERTISEMENT.

SI les personnes deuotes qui croyent auoir de plus grandes graces de Dieu, & de plus grandes lumieres dans l'oraison, ne peuuent souffrir qu'on leur parle des sciences les plus abstruses & les plus esloignées de leur capacité, & s'ils estiment entierement inutile ce qu'ils ne sçauent pas, ils peuuent du moins considerer que sainct Paul honore tous les dons de Dieu, & qu'il fait aussi bien estat du don de science que des autres: & puis la charité n'est point enuieuse, elle se resioüit de toute sorte de verité, elle souffre tout; elle ne se fasche pas de considerer les cinq grands volumes de Clauius, quoy qu'ils ne contiennent que les Mathematiques, elle admire ce grand homme defendant le Calendrier Gregorien, & la supputation de l'Eglise contre tous les heretiques, elle prie que Dieu nous conserue long temps l'incomparable Auteur de la doctrine des temps, afin qu'il defende la Chronologie & la doctrine

De l'vtilité de l'Harmonie.

ctrine ancienne des Peres contre les plus sçauans sectateurs, & i'ay de la peine à croire qu'vne personne religieuse ait la vraye deuotion accompagnée de cette charité, si elle se fasche d'en voir quelques-vns entre plusieurs centaines, qui cultiuent ce qu'ils ont receu du Pere des lumieres. Ce n'est pas que ie ne sçache qu'il s'en est trouué de si extrauagans, qu'ils ont crû que les liures de saint Thomas ont plus fait de tort que de bien à la deuotion, à raison qu'il en extermine les imperfections, & ce qui la rend mesprisable enuers les excellens esprits. Mais ceux qui s'addonnent solidement à la pieté, sçauent que la lumiere n'est pas contraire à l'ardeur & au feu qu'elle engendre, & que la volonté est d'autant plus enflammée de l'amour de Dieu, que l'entendement en a dauantage de cognoissance, comme les miroirs ardens bruslent d'autant plus violemment, que la lumiere qu'ils reflechissent est plus grande; de là vient le grand amour des Bien-heureux, dont la charité suit la viuacité & la grandeur de la lumiere qui leur découure les thresors de l'essence de Dieu.

Au reste s'il s'en rencontre de si difficiles, qu'ils ne vueillent rien priser que leur maniere de viure, qui ayment mieux l'ardeur sans lumiere, que la lumiere auec l'ardeur, & qui continuent opiniastrement dans le mespris de tout ce qu'ils ne font pas, ou de ce qu'ils ne sçauent pas, sans considerer que nul ne peut auoir que ce que Dieu luy donne, qu'il attire les vns par vn chemin, & les autres par d'autres voyes, & que *spiritus vbi vult spirat*, l'on peut se consoler par les paroles du Prophete royal, *Cùm loquebar illis, impugnabant me gratis*: par les excellens Cantiques de la 53. Prop. du liure de la Voix, de la 22. du liure des Chants, & de la 16. du 2. liure des Instrumens; & mesmes en chantant à 2. 3. 4. 5. & 6. parties l'excellent verset, dont i'vse dans le 4. liure de la Composition, à sçauoir, *Misericordias Domini in æternum, cantabo*, lequel ne merite pas seulement nos emplois, puis qu'il est digne de l'eternelle meditation des Bien-heureux.

III. ADVERTISSEMENT.

Saint Augustin monstre euidemment l'vtilité de la Geometrie, dans son liure de la quantité de l'ame, en expliquant le triangle equilatere, le quarré, le rombe, le point, la longueur, la largeur, & la hauteur, afin de contraindre le lecteur d'auoüer que l'ame raisonnable est indiuisible & immaterielle; & sainct Thomas n'eust pû entendre ny expliquer Aristote, s'il n'eust sceu en quoy consiste la quadrature du cercle, le gnomon, & l'incommensurabilité du diametre du quarré auec son costé: & s'il n'eust connu pourquoy il est necessaire que les trois angles de tout triangle rectiligne soient égaux à deux angles droits. Ie laisse plusieurs autres propositions qui luy ont esté necessaires pour faire ses commentaires, quoy que nous ne lisiós point que cette notion luy ait fait quitter ou amoindrir sa deuotion. Or il ne faut pas s'imaginer que les Mathematiques enflent tellement ceux qui les possedent, qu'elles les remplissent de presomption, attendu que si elles tombent dans vn esprit bien fait, elles luy ostent toute sorte de sujet de s'enorgueillir, à raison de la grande multitude des choses qu'elles font voir que l'on ignore, & de la grande presomption ou simplicité de plusieurs qu'elles découurent, lors que leur lumiere les contraint d'auoüer qu'ils ne

C

sçauent rien, à proprement parler, quoy qu'ils creussent estre fort sçauans. Ce n'est pas qu'il ne s'en rencontre quelquefois de si impertinens, que sous pretexte qu'ils sçauent l'Analyse Geometrique, & qu'ils peuuent resoudre les problemes qu'on leur propose, ils desirent qu'on les tienne pour les premiers hommes du monde, & mesprisent tous les autres qui ne s'addonnent pas au mesme exercice; mais ce vice vient de leur peu de iugement, & de leur imperfection, & non de la science, dont la lumiere est innocente, & n'a point d'autre but que de perfectionner l'entendement, afin de le rendre en quelque façon semblable à l'intellect diuin, & de se reflechir sur la volonté, afin de l'embraser de l'amour de Dieu, qui doit estre le terme & la fin de tous nos raisonnemens.

Quoy qu'il en soit, tous les vrais Chrestiens estant enfans d'vn mesme pere & d'vne mesme famille, ne se doiuent point porter d'enuie, & le sçauant, aussi bien que l'ignorant, doiuent se resioüir des dons que Dieu leur fait, & les cherir comme vn present de sa main, en disant, *Hoc signum magni Regis est; & omne donum desursum descendens à Patre luminum*: & chacun doit librement communiquer aux autres ce qu'il a plus qu'eux, soit deuotion, ou sagesse & science, afin de dire auec le Sage, *Quam sine fictione didici, & sine inuidia communico, & honestatem illius non abscondo*, & de satisfaire au precepte Euangelique, *Gratis accepistis, gratis date*.

A quoy l'on peut ajoûter que les Chrestiens receuront vn grand honneur & vn tres-grand contentement, lors qu'ils experimenteront que les Chinois & toutes les autres nations confesseront ingenuëment en leur conuertissant à Dieu, & en embrassant son vray culte, qu'il n'y a point d'hômes si sçauans au monde que ceux qui ont la vraye Religion, & qu'ils seront contrains d'apprendre de nous les plus excellens secrets de la Geometrie, de la Perspectiue, de la Catoptrique, de la Dioptrique, de la Musique, & de toutes les autres sciences, & qu'au lieu qu'ils s'estimoient les plus habiles & les plus clairs-voyans de tous les mortels, l'experience leur tirera de la bouche & du cœur des paroles semblables à celles de la Reyne de Saba, quand ils verront vne science si vniuerselle & si profonde dans l'Eglise de Dieu, *Maior est sapientia tua, quàm rumor quem audiui*, & qu'au lieu de nous maudire comme font les Mussulmans, la force de la verité leur fera dire, *Quàm pulchra tabernacula tua Iacob, & tentoria tua Israël! ô Israël! Quàm magna possessio tua!* Et certes il est raisonnable que ceux qui adorent plus purement la souueraine raison, en participent dauantage, & que ceux qui l'ont receuë venant en ce monde, & qui la croyent fermement, tesmoignent au reste du monde qu'ils sont enfans de lumiere, dont ils espandront les rayons par tout, lors que les infideles n'y mettront plus d'empeschement.

IV. ADVERTISSEMENT.

Encore que chacun puisse s'éleuer à Dieu par les Mathematiques, neantmoins i'en donne icy vn exemple pour en faciliter l'vsage, & dis premierement que si l'on considere le point Mathematique dans sa source, il nous represente la Diuinité, car comme il n'y a rien au monde corporel qui ne dépende du point, puis que son flux ou mouuement engendre la ligne, que par le mouuement de la ligne la surface est produite, & que le corps est fait par le mouuement de la surface; de sorte qu'il n'y a quasi que le seul point qui soit considerable, puis qu'il ne dépend point de la quantité qu'il engedre, qu'il termine, & qu'il côtinuë, de mesme il n'y a quasi que Dieu qui se doiue considerer dans les estres qui en dependent absolument: ce que l'on peut aussi accommoder à l'vnité à l'égard des nombres, parce que l'vnité les quittant, & le point abandonnant la quantité par vn mouuement contraire aux precedens, il ne demeure plus que l'vnité & le point, comme Dieu demeureroit tout seul s'il abandonnoit ses creatures.

En second lieu, les irradiations de la lumiere, & de toutes les especes que les objets enuoyent & respandent dans l'air, nous peuuent faire conceuoir comment tous les Anges, & tous les corps des bienheureux se peuuent trouuer dans vn mesme lieu, & dans vn mesme point, puis qu'vne infinité de rayons corporels de la lumiere, & des couleurs qui viennent de tous les objets imaginables d'vne sphere concaue, comme est celle du monde, se rencontrent tellement ensemble dans tous les points du milieu sans se confondre, que l'œil posé en tel point que l'on voudra enuisage tous les obiets, de sorte que chaque point & rayon de lumiere & d'espece est aussi distinct l'vn de l'autre dans vn mesme point du milieu, & conserue aussi bien toutes ses proprietez que s'il s'y rencontroit tout seul: d'où il n'est pas mal aisé de conclure que l'œil d'vn corps glorieux peut voir le corps de Iesus-Christ au sainct Sacrement de l'Autel, quoy qu'il soit tout en chaque point de l'hostie, & que l'œil d'vn corps beatifié ne se void pas moins bien, estant reduit dans vn point Mathematique, que lors qu'il a son extension ordinaire, tant parce qu'vn seul rayon indiuisible sortant de l'objet situé dans vn point suffit pour vn tel œil, qu'à raison que dans la gloire le corps est aussi prompt en ses fonctions que l'esprit dans les siennes, & qu'il n'a plus besoin d'autre secours pour luy faire voir tout ce qui est corporel & visible, que de celuy dont il a esté eleué à son bon heur, comme l'entendement n'a besoin que de la lumiere de gloire pour faire toutes ses fonctions: or ce que i'ay dit des rayons de la lumiere & des especes, peut estre appliqué à ceux des sons, qui s'estendent & se rencontrent dans les mesmes points de l'air, ausquels ils impriment toutes sortes de bruits & de paroles.

En troisiesme lieu, la ligne perpendiculaire peut seruir de Maistre en la vie spirituelle aussi bien que dans la Geometrie, & dans toutes les parties des Mechaniques, pour expliquer toutes les vertus, qui consistent entre les deux vices opposez, car comme rien ne peut subsister dans toute la nature sans la perpendiculaire, de mesme la vertu n'est point considerable, si elle ne se tient à plomb, c'est à dire, également esloignée de l'vne & l'autre extremité vitieuse, & si tost que la volonté s'encline plus vers l'vne des deux, elle fait vn angle obtus d'vn costé, & vn aigu de l'autre, vers lequel elle panche dauantage; & comme il y a vne infinité d'angles aigus depuis la ligne parallele à l'orison iusques à la perpendiculaire, qui fait l'angle droit, lequel est tres-parfait, & au milieu Arithmetic des deux costez de la parallele, sur laquelle elle est eleuée: de mesme il y a vne infinité de degrez depuis l'vn des vices iusques à la perfection de la vertu considerée dans vn souuerain degré, & dans sa parfaite rectitude. Ie laisse vne infinité d'autres cõsiderations semblables, ou beaucoup plus subtiles & plus excellentes, que chacun peut tirer de toutes les parties des Mathematiques, tant pour sa consolation particuliere, que pour feruir aux autres; par exemple, de ce que i'explique des angles de contingence dans la 17. Prop. du 2. liure des Mouuemens, & dans la 866. page de la verité des Sciences, & de la ligne, ou du poids, qui approche touſiours du centre de la terre, ſans iamais y pouuoir arriuer, laquelle ie décris dans la 8. & 9. Prop. d'où l'on peut prouuer que nulle ſcience ou lumiere naturelle, pour grande que nous la puiſſions auoir par noſtre trauail & induſtrie, ne nous peut faire arriuer à la viſion de Dieu, c'eſt à dire, au centre de la beatitude, qui conſiſte particulierement à loüer Dieu, ſuiuant ce beau verſet, & pluſieurs autres que nous chantons icy dans les Pſalmes, en attendant que nous le recitions au Ciel auec vne eternelle attention, & vn rauiſſement inexplicable, *Beati qui habitant in domo tua Domine, in ſæcula ſæculorum laudabunt te.*

V. PROPOSITION.

Expliquer par figures ce qui a eſté dit en diſcours: par où l'on entendra tout ce qui eſt neceſſaire à ce ſujet.

Puiſque tous les Predicateurs n'ont peut eſtre pas aſſez eſtudié à la Geometrie pour comprendre les diſcours precedens, que i'ay particulierement fait en leur faueur, ie mets icy les figures neceſſaires, pour leur oſter toute ſorte de difficulté, & pour leur faciliter les moralitez precedentes, ou leur donner le moyen d'en faire vne infinité d'autres. Ie commence donc par la parabole BDC, dont i'ay expliqué la generation dans le 4. liure de la verité des Sciences, & dans celuy contre les Deïſtes, partie 2. chap. 6. Or tous les rayons paralleles, par exemple O L & F A, qui tombent ſur le concaue de la parabole B A C, ſe reflechiſſent au foyer E, de ſorte que tous les rayons qui tombent perpendiculairement ſur l'ordonnée BC, compoſez de leur incidence, & de leur reflexion ſont égaux: par exemple le rayon O L K eſt égal au rayon G D E, & ainſi des autres. Mais parce que la moindre parabole H I K, dont E eſt auſſi le foyer, empeſche les rayons d'aller iuſques audit foyer, elle les renuoye paralleles, comme l'on void aux rayons HP & KQ. Or ce renuoy parallele par le conuexe de la moindre parabole, ſe fait par la meſme raiſon que chaque rayon qui vient de dehors vers le foyer E, par exemple, le rayon N L, ſe reflechit par la ligne L M parallele à Q D, ou D K G. D'où il eſt aiſé de conclure ce que i'ay expliqué dans la 62. page du liure des Sons, à ſçauoir que le feu & la lumiere que produiront les rayons O G F, &c. prez du foyer E, peuuent tellement eſtre reflechis & tranſportez vers P Q, qu'ils ſeront quaſi auſſi vifs & vigoureux à 3. ou 4. lieuës du foyer E, comme ils ſont ſur le conuexe de la moindre parabole H K. Et ſi au lieu de lumiere l'on reçoit les rayons des objets O G F, &c. l'œil poſé dans quelque lieu entre A Q, les verra fort grands & fort clerement.

La meſme petite parabole eſtant renuerſée, afin d'auoir ſon concaue vers le ſommet de la grande, comme l'on void dans la 2. figure N O, dont le foyer ou l'ombilic est au point I, sert aussi pour renuoyer les rayons M L, P H, & tous les autres qui tombent sur la glace concaue parabolique C A B D, paralleles en E Q F G, par exemple le rayon A I O se reflechit en Q par la ligne O Q, & ainsi des autres Où l'on void encore que tous les rayós qui tombent tellement sur le conuexe, qu'ils tendent vers le foyer, se reflechissent paralleles, comme demonstre le rayon K H, lequel estant prolongé iroit de H au point I, mais parce qu'il est empesché par la surface B H, il se reflechit de H en G; de sorte que nous auons beaucoup de moyens 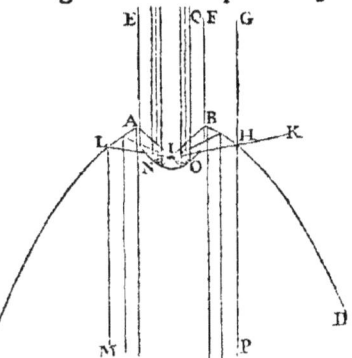 pour changer les rayons paralleles en d'autres paralleles, soit que l'on vueille restrecir & renfermer les paralleles de la largeur d'vn pied dans celle d'vn pouce & d'vne ligne, ou que l'on vueille estendre ceux de la largeur d'vne ligne pour leur faire prendre la largeur d'vn pied, d'vne lieuë, &c. car de mesme que les rayons M P se restrecissent pour n'occuper qu'A B dans cette figure, ou que tous les rayons passans sur l'ordonnée B C de la figure precedente, sont renfermez entre A D, les mesmes rayons A D P Q tombans sur le conuexe de la petite parabole H K se reflechissent sur le concaue de la grande A B D C, pour reprendre & occuper vn plus grand lieu égal à la ligne B C, & parce qu'il ne se treuue plus tant de rayons ensemble, l'objet P Q sera vû d'autant plus foiblement & obscurement aux points O G &c. que les objets G O seront vûs plus clerement aux points P Q de ladite premiere figure, ce qui arriuera semblablement à la 2. dans laquelle le rayon Q O se reflechit d'O en L pour aller en M. Et si les rayons reflechis par la glace C A B D contiennent cent fois dauantage d'espace que les rayons E F, c'est à dire, si le concaue de la grande parabole est centuple de la moindre, l'on verra les objets cent fois plus obscurs, & les rayons lucides esclereront & échauferont cent fois moins, comme ils esclereront & eschauferont cent fois dauantage par le moyen de la moindre parabole, soit le concaue N O de la 2. figure, ou le conuexe de la seconde.

Ie mets encore icy la 3. figure parabolique C A B D, à laquelle i'attache la moindre A I B, afin que ces 3. figures estant descrites côme il faut, suppleent au defaut des 3. autres du liure des Sons, qui n'ont esté tracées qu'auec le compas ordinaire. Ie di donc que la parabole E I B ayant mesme foyer que la parabole C A B D, & receuant le rayon parallele N O, & tous les autres qui tomberont paralleles sur le concaue C A B D, les retrecira suiuant la largeur de son conuexe, & 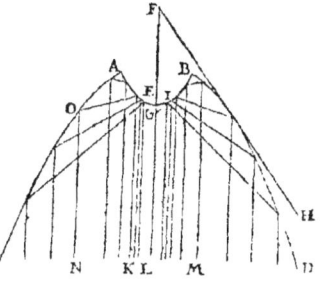 les renuoyra en K L M : par exemple, le rayon N O repoussé vers le foyer commun E, redescendra en K, & ainsi des autres, comme l'on demonstre par les tangentes H F, & G I, qui seruent à faire voir l'égalité des angles d'incidence, & de reflexion de chaque rayon.

Or l'on peut conclure par ces 3. figures que l'on peut faire des miroirs ardens en plusieurs façons, & que les verres, christaux, ou autres diafanes, ne sont pas necessaires pour faire des lunettes de longue vûe. Mais parce qu'il est difficile de faire & de polir des surfaces paraboliques, l'on peut vser des

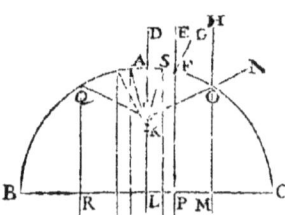

spheriques, comme ie monstre par cette 4. figure BAC, laquelle represente la moitié d'vne sphere concaue, & a quasi les mesmes proprietez que la parabole, pourueu que l'on n'en prenne qu'vne petite portion, par exemple, la sixiesme partie QO, car le reste OC, & QB est inutile pour les miroirs, ou pour les lunettes. Ie di donc que les rayons paralleles R L M &c. tombans sur le concaue Q A O, se reflechissent vers K, & qu'ils brusent particulierement entre K & I, c'est à dire, entre la 4. & la 5. partie du diametre, car nul rayon, excepté celuy de l'axe L A, n'est reflechi precisément à la quatriesme partie K. Or les rayons N O, ou G F &c. qui vont au point du foyer situé entre K & I, estant empeschez par le conuexe A O, se reflechissent en O H, & F E, c'est à dire, quasi paralleles à l'axe K D, de sorte que la portion d'vn moindre cercle concaue ou conuexe mise au point I ou K, fera quasi le mesme effet que les petites paraboles.

I'ay dit cy-dessus que la sixiesme partie de la circonference Q O suffisoit, parce que tous les autres rayons paralleles tombans sur vne plus grande

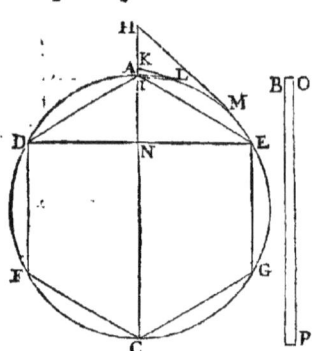

partie ou portion, n'aydent nullement la vûë, la lumiere, ou l'ardeur, comme ie monstre par cette 5. figure FDKEGC, dans laquelle si l'on fait tomber le rayon G E parallele à l'axe, ou au diametre C I, il est certain qu'il se reflechira du point E au point I, c'est à dire, au sommet de l'axe, & de là aux points D F C &c. de sorte qu'il fera vn hexagone de lumiere: & s'il y a vn trou au point G, il sortira par où il est entré. Il faut dire la mesme chose du rayon parallele à l'axe égal au costé d'vn pentagone, octogone, &c. qui acheuera toutes sortes de figures regulieres: d'où il est aisé de conclure qu'il ne faut tout au plus que la sixiesme partie de la circonference pour les miroirs & pour les lunettes, lors qu'on les fait de corps opaques polis.

Cette figure a encore de certaines lignes fort considerables, dont la speculation est vtile, à sçauoir H I, K L, & I L, car l'on peut connoistre par leur moyen la circonference de la terre, ou de tout autre globe proposé, à raison que le quarré du rayon de l'œil éleué sur la terre, lequel touche ladite terre, par exemple, le quarré du rayon A L, est égal au rectangle contenu sous la ligne coupante A C, & sous la hauteur de l'œil A I, par la 30. Prop. du 3. des Elemens.

Cecy posé, si l'œil A éleué de 6. pieds sur vn estang bien tranquille, void depuis A iusques à L, & que l'on sçache la longueur de la ligne A L, ou I L, qui ne sont pas sensiblement differentes, l'on aura la rondeur de la terre, comme ie demonstre. Apres que l'on aura toisé l'espace d'A à L, que l'on

De l'vtilité de l'Harmonie. 31

peut icy fuppofer égal au rayon vifuel A L, il faut quarrer les toifes, ou les lieuës que l'on trouuera depuis A iufques à L: & puis les ayant quarrées, le nombre quarré donnera la longueur de A à C, par laquelle on connoiftra la rondeur de la terre, & par confequent l'arc A L.

Suppofons pour exemple que l'on foit dans vn batteau fur vn eftang, ou que l'on foit dans vne campagne ou plaine bien vnie, & que l'œil foit éleué d'vne toife fur l'eau, ou fur la terre en A, & qu'il voye quelque objet au point L, au delà duquel il ne puiffe plus rien voir, ie dis que s'il y a vne lieuë de K, ou d'A en L, le rectangle fait de A C, ou P O, qui luy eft égal, & d'A I, ou B O, donnera le diametre de la terre, plus la toife A I, en toifes, c'eft à dire que le diametre I C fera de 6250000. toifes, moins la toife I A ; puis que la lieuë quarrée A L eft d'autant de toifes : or il eft aifé de trouuer la circonference A C E, en prenant le diametre I C trois fois & vne feptiefme partie ; lequel diametre eft quafi de 2500. lieuës, & par confequent la circonference aura 7817. lieuës.

Où il faut remarquer la commodité de cette obferuation, pour la hauteur de l'œil, qui peut donner ces mefures de toutes fortes de hauteurs, pourueu qu'elles foient affez fenfibles, quoy qu'elle foit d'autant plus iufte, qu'elle fe fait de plus haut ; par exemple, fi au lieu de 6. pieds on monte fur vne tour, ou fur vne montagne fort haute, l'erreur en fera moins fenfible, comme fi l'on pouuoit s'efleuer 4. lieuës & 5634. pieds fur l'orizon, au point H, on verroit cent lieuës loin iufques au point de contingence M, fuppofé que la circonference de la terre foit de 7200. lieuës, comme i'ay demonftré dans la queftion 37. des queftions Phyficomathematiques, laquelle fupplée tout ce que l'on pourroit icy defirer : c'eft pourquoy ie viens à l'explication de la 6. figure, qui fait comprendre les proprietez de l'Ellipfe A M B N, dont les 2. foyers font L & I, & partant fi l'on fuppofe vn miroir concaue de cette forme, il eft certain que la chandelle, ou telle autre lumiere que l'on voudra, eftant dans l'vn defdits foyers, par exemple, en L, enuoyra tellement fes rayons fur les coftez de l'ellipfe B G & N H, qu'ils fe reflechiront tous à l'autre foyer I, de forte que l'on verra auffi clerement en I, quoy que diftant d'vne lieuë de L, comme en L mefme. Et fi l'on difpofe vne falle ou vne gallerie fuiuát cette figure, ce que l'on dira au point I s'entendra fort diftinctement au point L, quoy que l'on ne puiffe rien oüir entre I & L. Or la tangente C E monftre que le rayon F D, qui tend vers le foyer L, fe reflechit en telle façon, qu'il tend vers le foyer I, comme l'on void au rayon reflechy K D ; ce qui arriue à tous les autres rayons qui fe peuuent imaginer : où l'on doit remarquer que toutes les lignes compofées de l'incidente & de la reflechie, font égales au grand diametre B A, comme l'on void à la ligne L N I égale à la ligne L H I, & ainfi des autres.

La feptiefme figure n'eft pas moins confiderable que les precedentes, car elle explique les proprietez de l'hyperbole F I C, dont le focus ou l'ombilic

C iiij

est au point H. Or la premiere proprieté qui fait à mon sujet, consiste en ce que tous les rayons qui tombent tellement sur le concaue poli de l'hy-perbole E I C, que s'ils n'estoient point empeschez, ils iroient tous se ioindre & s'vnir au foyer exterieur A, se reflechissant au foyer interieur H, cóme l'on void en X V, qui retourne d'V en H, au lieu d'aller en A. Il faut dire la mesme chose de tous les autres rayons qui tombent sur l'ordonnée O P, ou sur la partie du cercle O D P, car le rayon P C, qui ne peut aller en A, se reflechit de C en H, de sorte que ce concaue les torne de con-

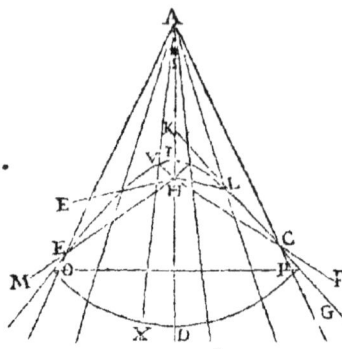

currens en A, concurrens en H, c'est à dire, qu'il haste leur concurrence & leur vnion, comme il arriue souuent que la rencontre de quelque objet, ou vne nouuelle pensée nous fait redoubler le pas pour arriuer à la vertu, & pour accroistre l'amour que nous deuons porter à Dieu.

La 2. proprieté se void aux rayons A C, & A E, &c. qui de diuergens qu'ils estoient s'ecartent encore dauantage en F & en M : & s'ils viennent tellement de M en E & de F en C &c. qu'ils tendent vers le foyer interieur H, le conuexe de l'hyperbole les renuoye d'E & de F au foyer exterieur A, de sorte qu'il retarde leur concurrence & leur vnion, au lieu que le concaue l'aduance, comme i'ay dit. Quant au point qui est entre A & S, laquelle signifiera desormais ledit point, il monstre le sommet de l'autre hyperbole contreposée, & la ligne qui vient de ce point iusques au sommet I, se nomme le costé *trauersant*, *latus transuersum*, dont le milieu est le centre des deux hyperboles contreposées. I D est le diametre, & O P l'ordonnée. A quoy l'on peut ajoûter que le quarré de l'ordonnée O P est égal au rectangle fait de la ligne S, prolongée iusques à l'ordonnée, & de cette mesme ligne prise depuis l'ordonnée iusques au sommet I, comme Apollonius a demonstré dans la 21. du premier des Coniques.

La 3. proprieté est, que si l'on tire vne partie du cercle d'O en P, dont le centre soit en A, par exemple, O D P (dont on a mal pris le centre en I, au lieu de le prendre en A) la ligne d'incidence & de reflexion X V H, est égale à chaque autre ligne composée de l'incidente & de la reflechie: Or l'on peut voir les demonstrations de tout cecy dans Apollonius, ou dans le Spechio Vstorio du R. P. Bonauenture Iesuate, Professeur des Mathematiques dans l'Vniuersité de Boulogne.

La 4. proprieté est cause que la flamme estant mise dans le foyer H, ou le bruit y estant fait, les rayons qui vont frapper le concaue de l'hyperbole, par exéple, H V, & H C, se reflechissent en l'écartant par la ligne V X, & C P, &c. par les mesmes lignes qu'ils se ramassent en H, lors que d'écartez, de desunis, ou de diuergens, ils se font conuergens ou concurrens en H par le moyen du concaue hyperbolic qu'ils rencontrent, c'est à dire, qu'ils sortent par les mesmes endroits qu'ils sont entrez : ce qui se rencontre semblablement dans les autres figures & sections precedentes.

Or puis que ie n'ay expliqué ces proprietez que pour en donner l'intelli-

De l'vtilité de l'Harmonie.

gence aux Predicateurs & aux Maiftres de la vie contemplatiue, afin qu'ils comprennent ayfément les moralitez precedentes, & qu'ils en puiffent faire tant d'autres qu'ils voudront. Il n'eft pas befoin d'ajoûter les demonftrations, qui les embarafferoient pluftoft qu'elles ne les ayderoient pour ce deffein. I'ajoûte feulement qu'ils pourront entendre par ces figures, comme Archimede & Proclus ont pû faire les effets prodigieux que nous lifons dans les hiftoires, par le moyen de leurs miroirs compofez, fuiuant les fections & les figures precedentes. Surquoy il eft bon de remarquer que Zetzes dit que le miroir d'Archimede eftoit hexagone, & qu'il brufloit les nauires de Marcel de la longueur d'vn jet d'arc, ou de la portée d'vne fleche : ce que l'on peut expliquer par la 4. figure precedente, dont la 6. partie QO fuffit pour brufler : car fa fouftenduë eft le cofté d'vn hexagone, comme l'on void dans la 6. figure ; & parce que les miroirs ardens fpheriques ont quafi la mefme proprieté que les paraboliques, il a pû ioindre 2. cercles enfemble, comme nous auons ioint les 2. paraboles de la premiere & feconde figure, pour faire brufler les nauires à cent ou deux cens pas des murs de Syracufe, en quelque lieu que le Soleil fe foit rencontré fur l'horizon, parce qu'il eft aifé de diriger & d'enuoyer les rayons paralleles P Q, ou E Q en tel endroit que l'on voudra, par l'application d'vn miroir droit, ou plat, comme i'ay dit en d'autres lieux, car il n'eft pas quafi poffible de faire fondre la fixiefme partie d'vne fphere, qui foit affez grande pour brufler toute feule fi loin ; & fi l'on ne prend que 4. ou 5. degrez de ladite fphere, dont l'axe doit pour le moins eftre de 400. pas, pour brufler de cent pas, cette portion ne fera pas fenfiblement differente d'vn miroir plat, ou d'vne ligne droite, encore que le diametre de fon concaue foit de plus de 178. pas ; ce qui arriuera femblablement aux miroirs parabolics ; de forte qu'il eft entierement neceffaire qu'il ait vfé de deux ou de plufieurs miroirs ioints enfemble : quoy que la matiere incombuftible, & dont le poli puiffe refifter à la flamme & à l'ardeur des foyers, me laiffe toufiours du foupçon de la verité de l'hiftoire, laquelle on receuroit auec plus d'affeurance, s'il a pû ioindre & accommoder dans vne machine vne fi grande multitude de miroirs plats, qu'ils ayent enuoyé affez de rayons pour brufler les nauires. Quoy qu'il en foit, il fuffit que les moralitez des Predicateurs foient fondées dans la verité du fujet, qu'elles facent du fruit dans l'efprit de leurs auditeurs, & que ceux à qui il fuffit de fe prefcher eux mefmes, puiffent tirer de la confolation & de la lumiere en f'appliquant quelques-vnes des proprietez precedentes.

COROLLAIRE PREMIER.

IL eft euident par ce que nous auons dit dans cette Prop. que les rayons de la lumiere peuuent eftre changez en toutes fortes de figures par le moyen des miroirs & des diafanes, puis que la Parabole les change de paralleles en concurrens, lors qu'ils tombent fur fa furface concaue, & qu'ils fe reflechiffent dans fon foyer : & de diuergens en paralleles, quand la flamme eft dans ledit foyer, comme fa furface conuexe change les diuergens, (qui tendent neantmoins vers le mefme foyer, & qui pour cette raifon peuuent eftre appellez *Concurrens*) en paralleles, & confequemment les paralleles en diuergens, de forte que le conuexe fait vn effet contraire au concaue, comme l'on void aux figures precedentes.

Le concaue de l'hyperbole reüniſſant tous les rayons tendans vers ſon foyer exterieur dans ſon foyer interieur, dans lequel la flamme eſtant poſée, ſes rayons ſont écartez par la glace concaue, & de diuergens ſont encore faits plus diuergens: & parce que ſon conuexe a des effets contraires, il écarte les rayons venans du foyer interne, & change les concurtens allans vers ſon foyer interne, en concurrens à l'externe, de ſorte qu'il retarde ou prolonge la concurrence, laquelle eſt haſtée & racourcie par le concaue.

Le conuexe Elliptique ſert ſeulement pour faire écarter les rayons de telle ſorte, que celuy qui tend vers l'vn de ſes foyers eſt tellement reflechi, qu'il va vers le foyer oppoſé, comme il arriue que le rayon produit dans l'vn deſdits foyers, eſt renuoyé à l'autre par ſon concaue, & par conſequent eſt changé de diuergent en concurrent. Or ſi l'on compoſe ces differentes ſections, & leurs foyers, on aura des effets prodigieux: par exemple, des miroirs bruſlans à l'infini, & des lunettes de longue vûë infinie; & vne portion de 20. degrez ou enuiron d'vne ſphere concaue bien polie, fera quaſi le meſme effet que la parabole de meſme grandeur, car tous les rayons ſe ioindront entre la 4. & 5. partie de l'axe. Ceux qui voudront ſçauoir la maniere de décrire toutes ces ſections, la trouueront depuis la 23. iuſques à la 30. Prop. du liure de la Voix, auſquelles on peut ajoûter celles qu'explique le R. P. Baptiſte Ieſuate, Profeſſeur des Mathematiques à Boulogne, depuis le 41. chap. de ſon Spechio Vſtorio.

COROLLAIRE II.

IL eſt euident que toutes les ſpeculations de la nature & de la Mathematique procedent de l'égalité, comme l'on a veu dans les effets des miroirs, car le parallelifme, la concurrence, & l'écartement des rayons dépendent de l'égalité des angles. A quoy l'on peut ajoûter la maniere de faire vn cercle & vne ligne droite de feu & de lumiere, & toutes autres ſortes de figures ardentes & bruſlantes par le moyen de la parabole & des autres ſections, car ſi elles ſont portées & méuës en telle façon que leurs axes demeurent paralleles à celuy du Soleil, leurs foyers bruſleront touſiours en faiſant toutes ſortes de figures, qui ne ſeront pas incompatibles aux parallelifmes des axes; & ſi l'on ajoûte differens miroirs enſemble ſelon la poſſibilité de l'art, l'on fera toutes ſortes de figures bruſlantes.

COROLLAIRE III.

LEs ſections precedentes peuuent ſeruir pour expliquer les vaſes du theatre, dont parle Vitruue dans le 5. chap. du 5. liure; ſurquoy le Pere Baptiſte remarque que la figure hyperbolique eſt plus propre pour reflechir la voix aux auditeurs, & que ces vaſes doiuent eſtre en des chambrettes ou niches, de ſorte qu'eſtant vn peu éleuez par deſſus leurs bords, & ouuerts en haut, la voix entre dedans pour aller frapper les murailles des chambrettes, & que ſe reflechiſſant pluſieurs fois contre les coſtez des vaſes, & des cellules, elle reſonne comme le ſon des Luths & des autres inſtrumens.

Or ie ne veux pas perdre le temps à décrire ces vaſes ſuiuant l'imagination de pluſieurs, qui ne peut tout au plus ſeruir que de conjecture, car il

De l'vtilité de l'Harmonie. 35

suffit de sçauoir la proportion que doiuent auoir lesdits vases, pour faire resonner les cosonances par le son de la voix de ceux qui recitét sur le theatre. Cette proportion n'est nullement differente de celle des cloches, qui font les mesmes consonances, c'est pourquoy ie n'en parle pas icy, non plus que des interuales d'Aristoxene, dont i'ay traité fort amplement dans le 2. liure des Instrumens à chordes, & dans le liure des Genres; d'où l'on peut aisémét conclure que Vitruue n'a pas entendu les loix Harmoniques, autrement il n'eust pas dit que les vases des theatres doiuent faire plusieurs quartes ou Tetrachordes de suite, puis que les sons extremes de 2. ou plusieurs Quartes font des dissonances fort desagreables, comme ie demonstre par ces trois nombres 9.12.16. qui contiennent deux raisons sesquitierces, & par consequent deux tetrachordes, car 9. est à 12. comme 3. à 4, aussi bien que 12. à 16. de sorte que 9. & 16. contiennent deux Quartes, & font vne Septiesme mineure qui blesse merueilleusement l'oreille. Mais il falloit dire que les vases doiuent tellement estre disposez, que le premier face la Quinte auec le 2. & le 2. la Quarte auec le 3. & ainsi consequemment, afin de faire de bons effets qui contiennent de l'Harmonie pour contenter les auditeurs.

Quant à la grandeur des vases, supposé qu'ils ayent eu vne figure semblable, par exemple, la cubique, le costé du plus grand ayant 3. pieds, celuy du 2. a dû auoir 2. pieds pour faire la Quinte, & consequemment la surface du premier a dû estre à celle du 2. comme 9. à 4. & le vuide ou le solide au solide comme 27. à 8. ce qui est si aisé à conclure par les demonstrations de nos liures precedens, qu'il n'est pas à propos de nous arrester dauantage sur ce sujet.

Or quant aux sons de ces vases, il est difficile qu'ils soient assez forts pour faire entendre leurs consonances aux auditeurs, lors qu'ils sont frappez des seules voix, comme l'on experimente aux tonneaux dont il dit qu'on vsoit dans les bourgades au lieu de vases d'airain, afin d'éuiter la despence, car soit qu'on les face de terre à potier, ou de bois, iamais l'on n'entend les consonáces pour lesquels ils sont preparez, quand il n'y a que la voix qui les touche, & ne seruent tout au plus qu'à la reflechir pour la rendre plus forte, & plus intelligible, comme le corps du luth & des autres instrumens, faisant plusieurs reflexions du son, le conseruent dauantage, & le rendent plus fort. C'est pour cette raison que l'on met des pors à moineau, ou d'autres vases creux dans les voutes, ou sur les voutes des Eglises, afin d'aider les voix de ceux qui chantent, & que la voix n'est pas si forte dans vne campagne & vn air libre, que dans vn lieu renfermé, dont les murs reflechissent la voix, & empeschent qu'elle ne se perde.

Ceux qui auront compris le Genre mixte ou composé des 3. à sçauoir du Diatonic, Chromatic, & Enharmonic, lequel i'explique dans la 13. Prop. du liure des Genres de Musique, entendront parfaitement tout ce que Vitruue rapporte de la Musique, & concluront aisément que la disposition de ses 13. vases mis au tour du theatre n'est pas bonne, puis qu'elle engendre des Septiesmes & des Quatorziesmes, &c. au lieu qu'ils doiuent seulement faire des consonances, de sorte que si l'on vse de 13. vases, comme il dit, dont les 6. du costé dextre soient à l'vnisson du costé senestre, les premiers doiuent faire la Tierce majeure auec les seconds, les 2. auec les 3. la Tierce mineure, les 3. auec les 4. la Quarte; les 4. auec les 5. la Tierce majeure, &

les 5. auec les 6. la Mineure, afin que ces 6. paires de vafes montent iufques à la Douziefme, & puis le 13. vafe fera la Quarte auec les 6. ou le Difdiapafon auec le premier, de forte que tous leurs fons auront entr'eux mefme raifon que ces nombres 4. 5. 6. 8. 10. 12. 16. ou fi l'on ayme mieux fuiure l'ordre naturel des confonances, comme fait la trompette dans fes interualles, on aura les fons 1. 2. 3. 4. 5. 6. 8. qui font l'eftenduë du Trifdiapafon, qu'on appelle la Vingt & deuxiefme.

Quant à la grandeur des vafes, il importe fort peu quelle elle foit, pourueu que leurs coftez homologues ou femblables foient en mefme raifon que lefdits nombres, quoy que leurs fons deuiennent plus graues & plus corpulents, ou plus maffifs, lors qu'ils font plus grands. Or l'on peut imiter la forme des cloches & des grands timbres qui f'élargiffent quafi hyperboliquement, ou celle de la parabole, de l'ellipfe, ou du cercle. Le Pere Baptifte propofe des cellules en forme d'ellipfes tant en long qu'en large, dont l'vn des foyers fe rencontre vers le lieu où fe mettent ceux qui parlent ou chantent fur le theatre; & l'autre dans les chambrettes ou dans les niches defdits vafes, en forte que le foyer de l'ellipfe, & le foyer interieur des vafes hyperboliques fe rencontrent dans vn mefme point, & que les bouches de ces vafes foient renuerfées en haut, car la voix des acteurs faite au foyer de l'ellipfe qui fe rencontre fur le theatre, f'écartant ira frapper le concaue elliptique des chambrettes, & fe ramaffera dans le foyer interne de l'hyperbole, d'où fe reflechiffant encore vne fois par la rencontre de la furface concaue des vafes, elle ira f'écartant en tous les endroits neceffaires pour fe porter à tous les auditeurs; au lieu que f'ils eftoient paraboliques, il n'y auroit que les auditeurs parallels à fa concauité qui oiroient la voix; & f'ils eftoient elliptiques, vn feul oyroit la voix, quoy que plus clerement. Mais eftans hyperboliques, les auditeurs pourront auoir 13. reflexions des 13. vafes, fous lefquels Vitruue enfeigne qu'il faut mettre des coins, afin qu'eftans foufleuez en l'air, ils en refonnent mieux: quoy qu'il femble qu'ils refonneroient encore mieux s'ils eftoient attachez & fufpendus comme les cloches.

Certes en quelques manieres que l'on puiffe difpofer ces vafes, ie croy que celle dont on vfe maintenant en Italie eft la meilleure & la plus excellente, lors qu'on ioüe des tragedies, laquelle confifte dans l'harmonie d'vn Orgue ou d'vn Theorbe, qui accompagne perpetuellement les voix des acteurs, afin de faire les principales confonances auec leurs voix, & de les rendre harmonieufes & plus agreables. Or il eft aifé d'experimenter auec des tonneaux vuides l'effet de ces vafes, lequel on ne trouuera pas fi grand que l'on vueille les preferer aufdits inftrumens, de forte que l'imagination de Vitruue me femble maintenant inutile, foit qu'elle ait reüffi de fon temps, ou qu'il fe contente d'en faire le projet & le deffein.

COROLLAIRE IV.

IL n'eft pas difficile de comprendre comme l'vniffon feruoit aux anciens pour connoiftre fi les Baliftes & les autres machines eftoient bien bandées, comme Vitruue remarque dans le 17. chap. du 18. liure; mais il faut fuppofer que chaque chorde ait efté de mefme groffeur, quoy que l'octaue

& les

& les autres consonances puissent seruir pour le mesme vsage, si l'on suppose les chordes inégales en grosseur, ou en longueur, suiuant les proportions que i'explique dans la 13. Prop. du 3. liure des Mouuements, & dans la 7. Proposition du 3. liure des Instrumens.

Il y a plusieurs autres choses dans nos traitez dont les Architectes peuuent vser, particulierement dans le liure de la Voix depuis la 23. Proposition, & dont se peuuent seruir les Peintres, comme l'on void dans la 6. Prop. du liure des Chants, où ie compare les nuances des couleurs aux sons. L'on peut dire la mesme chose des Floristes, des Brodeurs, & de plusieurs autres sortes d'artisans, dont chacun apprendra la maniere de disposer les couleurs, les nuances, les fenestres, les colomnes, &c. en proportion Harmonique, ou Geometrique, & Arithmetique, afin d'experimenter ce qui fait le beau, & l'agreable, & ce qui tient du grand dans tous les ouurages de l'Art: c'est à quoy plusieurs de nos discours pourront seruir, si l'on en tire la lumiere qu'ils contiennent.

COROLLAIRE V.

Puisque toute la Musique regarde l'vnisson comme sa source & son origine, suiuant nos discours du premier liure des Consonances, & que toutes les sciences doiuent seruir à nostre salut, il est raisonnable que ceux qui auront leu cet œuure, ou qui en comprennent les raisons, imitent la maniere qu'on tient pour faire descendre les chordes, ou les voix à l'vnisson, laquelle consiste à quitter toutes les differences & les varietez pour arriuer à l'égalité; par exemple, lors qu'on descend de l'octaue à l'vnisson, c'est à dire de 2. à 1. l'on peut y passer ou par vn mouuement continu, & par consequent par vne infinité de degrez, d'interualles, & de raisons qui se treuuent entre 1. & 2. ou seulement par 1. 2. 3. 4. 5. 6. ou 7. mouuemens differens, comme l'on peut passer par plusieurs degrez de l'estat d'imperfectió representé par le binaire où nous sommes, en quittant peu à peu les differéces du temps, du lieu, & des differens motifs de nos actions, qui ne sont pas conformes à la volonté de Dieu, pour nous reduire à l'vnité, & pour rompre le voile qui nous empesche de reconnoistre & ressentir les effets de la promesse de nostre Sauueur descrite en sainct Iean chap. 14. par ces paroles, *In illo die vos cognoscetis, quia ego sum in Patre meo, & vos in me, & ego in vobis*, lesquelles on peut entendre par la comparaison de l'vnisson, source & pere de l'octaue, dans laquelle sont contenuës les consonances: ioint que Iesus-Christ tesmoigne dans le 17. chap. qu'il desire que les Fideles facent l'vnisson si parfait de leurs volontez auec la sienne, qu'il en a fait ceste priere à son Pere, *Pater sancte, serua eos in nomine tuo, quos dedisti mihi, vt sint vnum, sicut & nos.*

PROPOSITION VI.
Expliquer les vtilitez de l'Harmonie pour les Ingenieurs, pour la Milice, pour les Canons, & pour les gens de Guerre: où l'on void les portées & les calibres du Canon.

APres auoir donné l'vsage de nos traitez dans la milice spirituelle, i'ajoûte ses vsages pour celle du siecle, à laquelle sert la tablature de la trompette, du fifre, & du tambour, dont on vse ordinairement, laquelle i'ay donnée dans les liures des Instrumens. Les soldats peuuent encore tirer plusieurs vtilitez des 3. premiers liures des Mouuemens, tant naturels que violens: par exemple, ils sçauront de quelle vitesse il faut marcher, & se destorner pour éuiter le coup des bales d'arquebuses, ou des boulets de canon, apres qu'ils auront veu le feu, supposé qu'ils sçachent la distance du lieu d'où l'on tire: ils expliqueront aisément pourquoy les boulets ne doiuent pas aller plus loin vers l'Occident que vers l'Orient, bien que l'on suppose que la terre se meuue, & torne en 24. heures d'Occident en Orient: & pourquoy estant tirez perpendiculairement à l'horison, ils doiuent neantmoins retomber au mesme lieu d'où ils sont tirez, quelque mouuement iournalier & annuel que la terre puisse auoir: ils sçauront la maniere de faire tirer le canon par la force de l'Harmonie, & selon quelle raison se diminuë la vitesse des bales de mousquet, & des autres missiles. A quoy i'ajoûte que quelques-vns estiment que la ligne courbe de la portée morte fait quasi la figure d'vne parabole, parce que la pesanteur naturelle de la bale la retire vers le centre dans des temps égaux par des lignes droites qui sont en mesme raison que les nombres impairs, par lesquels nous auons expliqué la vitesse des mouuemens naturels; par exemple, si la bale s'abaisse d'vn pouce dans le 1. temps de la portée morte, elle s'abaissera de 3. de 5 de 7. de 9. &c dans le 2. 3. 4. & 5. temps, quoy que d'autres estiment que ladite courbeure descrit vne ligne hyperbolique, ce que les Canoniers pourront experimenter en mettant 7. ou 8. draps, ou autres corps aisez à percer tout au long de ladite portée, car la distance des trous iusques à la ligne horizontale determinera ladite ligne. Or peut estre que la Sagesse diuine s'est seruie de ces sortes de lignes qui naissent des sections du cone dont i'ay parlé, pour ajuster les figures & ressorts qui seruent à l'œil & à l'oreille, car il y a grande apparence que le conuexe de l'humeur chrystallin est hyperbolique, ou qu'elle a choisi la figure la plus auantageuse de toutes pour faire vne vûe claire & distincte. Il y a beaucoup d'autres choses que les Canonniers peuuent obseruer, par exemple, combien le sifflement des boulets de canon sont plus graues que ceux des bales de mousquet dans leur portée morte, afin de remarquer la proportion de la grosseur des boulets & des bales, auec leurs sons.

I'ay dit *dans leur portée morte*, parce que l'on n'oit point le sifflement des bales d'arquebuse dans leur ligne droite de blanc en blanc, du moins lors que l'on a l'oreille proche du lieu par où elles passent, encore qu'elles soient creuses, comme i'ay plusieurs fois experimenté: & mesme ie ne les ay pû entendre lors que la bale auoit desia fait plus de 300. toises. Or si ces sifflemens sont en mesme raison que le diametre des boulets, l'on sçaura leur grosseur, & consequemment leur pesanteur par leurs sifflemens, comme il arriue aux cloches, aux chordes, & aux tuyaux, dont les sons marquent les grandeurs, comme i'ay demonstré dans les liures des Instrumens.

Quant à la vitesse du mouuement des boulets, & des bales, soit dans leur portée de blanc en blanc, ou dans leur portée morte, ils pourront la connoistre, s'ils remarquent la vitesse de l'vne des parties de son mouuement, parce qu'elle se diminuë en raison doublée des temps; par exemple, si la moitié de la portée de blanc en blanc dure vne seconde minute, ou vn batement de pouls, & que cette demie portée soit de 57. toises, & que le mouuement dure dix secondes, la bale fera 51. toises dans le second batement da

De l'vtilité de l'Harmonie.

pouls, 45. dans le 3. 39. dans le 4. 33. dans le 5. 27. dans le 6. 21. dans le 7. 15. dans le 8. 9. dans le 9. & 3. dans le dernier batement, ou dans la derniere seconde, de sorte que cette bale feroit seulement 300. toises dans sa portée entiere, comme l'on void en ajoûtant tous ces nombres impairs ensemble. Et si les bales d'arquebuse font plus de 300. toises dans leur grande portée, il est aisé de dire le temps de chaque partie de la portée, par exemple le temps des cent premieres toises, lors qu'on sçait la portée entiere; soit donc la portée totale de 84. toises, & sa durée de 30. batemens de pouls, dont chacun dure la moitié d'vne seconde minute, qui est le batement le plus propt qui se rencontre aux hommes, ie di que la bale fera 59. toises dans le premier batement de pouls, 57. dans le 2. & ainsi des autres, suiuant la 2. colomne de la table prise à rebours, par laquelle i'explique la vitesse des mouuemens naturels dans la 5. Prop. du 2. liure des mouuemens, iusques à ce que la bale arriue au 30. ou dernier batement de sa portée, dans lequel elle ne fera qu'vne toise. A quoy i'ajoûte seulement les portées des canons & autres pieces à feu, suiuant les Obseruations du sieur Coigner, que l'on croid estre fort exactes, afin qu'elles puissent seruir de fondement aux supputations de la vitesse de leurs boulets considerez en telle partie de leur portée que l'on voudra. Il remarque donc premierement que le canon Imperial du Pays-bas, qui a 12. pieds de long, le calibre, ou diametre de sa bouche de 7. pouces, son ame longue de 16. bouches, & son boulet de 42. à 44. liures, porte 280. pas Geometriques de blanc en blanc, ou à niueau, & 653. dans sa portée morte, & qu'il porte de point en blanc dans sa portée de 45. degrez, c'est à dire au 6. point, 1160. pas, & 2800. dans sa portée morte.

En second lieu, il trouue la longueur de la portée de point en blanc par le moyen d'vn quart de cercle diuisé en 6. parties égales, & dit que si la bale estant tirée au premier point, fait la longueur de la ligne qui soustend la premiere partie dudit quart de cercle, qu'elle fait la soustenduë de ses 2. parties dans le 2. point de l'éleuation du canon, au 3. point qu'elle fait la soustenduë des 3. parties, & ainsi des autres iusques au 6. point, c'est à dire à l'éleuation des 45. degrez, où la bale fait la ligne qui soustend le quart du cercle tout entier.

En 3. lieu, il donne la table qui suit pour marquer les portées des 5. pieces de baterie dont on vse ordinairement: laquelle on confirmera ou l'on corrigera par les experiences reïterées que l'on en peut faire.

Table des portées de cinq sortes de canons.

	Poids de la bale.	Point en blanc à niueau.	Portée morte de niueau.	Morte du 2. point.	Morte du 2.	Morte du 3.	Morte du 4.	Morte du 5.	Morte du 6.	De point en blanc du 6. p.
Canon Imperial.	Liures 44	Pas Geomettriq. 280	653	1120	1800	2240	2636	2795	2800	1160
Canon François	38	275	641	1100	1769	2210	2592	2745	2750	1139
Demy canon Imperial.	24	270	629	1080	1738	2180	2548	2696	2700	1118
Quart de canon	10	250	580	1000	1600	2000	2360	2495	2500	1035
Double fauconneau.	4½	200	466	800	1280	1600	1888	1996	2000	828

Or l'vſage de cette table eſt tres-aiſé, puis que chaque colomne qui eſt vis à vis de chaque piece d'artillerie, monſtre le poids, ſa bale, & toutes ſes portées, dont celle de point en blanc eſt ſeulement marquée diſtinctement, & ſeparée d'auec la totale, qu'on appelle *morte*, dans la portée de niueau, & dans celle du 6. point, parce qu'elles ſont les plus notables. Mais il eſt bon de remarquer la longueur, & les autres conditions de chaque piece, comme nous auons fait celles du canon Imperial, qui peſe cinq mille deux cens liures, & porte auſſi peſant de poudre à l'épreuue, que ſon boulet, c'eſt à dire, 44. liures, & ſeulement les deux tiers en baterie, c'eſt à dire, 30. liures, qu'on diminuë peu à peu iuſques à 25.

Le canon François peſe auſſi cinq mille liures, & porte 36. liures de bale; ſon calibre eſt de ſix lignes & demie; mais le boulet doit auoir de l'air, ou du vent entredeux, c'eſt pourquoy ſon diametre eſt moindre d'vne vintieſme partie que celuy du calibre; la culaſſe eſt triple en épaiſſeur de l'ame, de ſorte que la groſſeur de ſon metal eſt de 3. bouches à l'endroit où ſe met la poudre; mais le metal de la bouche n'a que la largeur de 2. bales; ſa poudre eſt de 4. parties de nitre, & d'vne de ſoufre, & d'autant de charbon: au lieu que celle des arquebuſes eſt de 5. parties de nitre, & celle des piſtolets de 6.

Le demi canon a 13. pieds de long, il peſe 4500. liures, ſon calibre eſt de $5\frac{1}{2}$ pouces, ſon ame de vingt bouches; ſa poudre des 2. tiers du boulet à l'épreuue, & de 15. à 12. en baterie. La Coulevrine eſt de 15. pieds, & peſe 3200. liures; ſon calibre eſt de $4\frac{1}{2}$ pouces: il porte à l'épreuue vn peu plus peſant de poudre que ſa bale, & $\frac{4}{5}$ en baterie. La demie coulevrine a 12. pieds, & peſe 2200. liures; ſon calibre eſt de $3\frac{1}{2}$ pouces, ſon ame eſt longue de 24. bouches. Et les pieces de campagne, par exemple, les faucons & fauconneaux ont 8. ou 9. pieds, ils peſent 600 liures, & ont leurs calibres de 3. pouces. Ie mets encore les portées du canon tant de blanc en blanc, que du 6. point, ſuiuant les Obſeruations du ſieur Gallé, afin que ceux qui les voudront experimenter choiſiſſent des lieux propres pour ce ſujet.

Or il donne 1450. pieds à la portée de niueau du canon de point en blanc, & à celle de demie eſquiere 16300. pieds, & à la portée horizontale du mouſquet de blanc en blanc, 800. pieds, qui font 133. toiſes, au lieu que nous trouuons en France que cette portée n'eſt que de 120. toiſes: quant à la grande portée, il la fait de 7500. pieds. Quoy qu'il en ſoit toutes ces obſeruations enſeignent que la portée entiere de 45. degrez eſt dix fois plus longue que l'horizontale de point en blanc, ou enuiron. Mais ſi l'on n'vſe des proportions de la viteſſe dont i'ay parlé dans la 22. Prop. du 3. liure des Mouuemens, on ne peut ſçauoir de combien la portée perpendiculaire eſt plus longue que l'horizontale de point en blanc, parce que l'on ne peut voir le boulet dans l'air, lors qu'il commence à retomber, ny par conſequent meſurer ſa hauteur. Or ſi l'on ſuppoſe que la viteſſe du boulet, qui monte perpendiculairement, ſe diminuë en meſme raiſon que s'augmente celle des corps peſans qui tombent perpendiculairement, il eſt aiſé de ſçauoir la portée du boulet, car il faut ſeulement obſeruer le temps qu'il employe à monter & à deſcendre, & ayant pris la moitié du temps pour ſa cheute, l'autre moitié monſtrera ladite portée, parce qu'elle eſt égale à ladite cheute, laquelle eſt connuë, lors que ſa durée eſt connuë, comme i'ay demonſtré dans

De l'vtilité de l'Harmonie. 41

le second liure des mouuemens : par exemple, si le boulet employe 30. secondes tant à monter qu'à descendre, & qu'il face 177. toises dans vne seconde en partant de la bouche du canon, il faut prendre 15. secondes pour sa montée, & conclure qu'il monte 2700. toises, à sçauoir autant comme il en descend dans 15. secondes, ou 30. demies secondes, comme l'on void à la table des cheutes dans la 5. Prop. du 2. liure des Mouuemens.

I. ADVERTISSEMENT.

IL y a tant de choses dans nos Traitez qui peuuēt seruir aux Ingenieurs, & à la milice, qu'à moins que de faire vn liure entier il est difficile de les expliquer : par exemple, ils peuuent vser de l'echo pour mesurer les fossez d'vne ville, la largeur d'vn estang, ou d'vne riuiere, &c. & de la vitesse du son pour connoistre combien ils sont éloignez de l'ennemy, comme il est aisé de conclure par la 21. Prop. du 3. liure des Mouuemens. Le Traité suiuant des Mechaniques sert pour sçauoir la force necessaire pour monter le canon sur tel plan incliné que l'on voudra, & pour faire vne machine si forte, que nulle force ne luy peut resister si elle n'est infinie. Les Trompettes peuuent apprendre à faire vne infinité de chants differens, dans nostre second liure des Chants. Les soldats sçauront par le secōd liure des Mouuemens, le temps necessaire pour éuiter les pierres qu'on laisse tomber, ou qu'on iette du haut des murailles, ou d'ailleurs contre eux. Les Capitaines & les autres officiers qui commandent, sçauront aussi par les differentes conbinations, conternations, &c. en combien de manieres ils peuuent disposer tel nombre de soldats qu'ils voudront ; & finalement tous profiteront grandement dans la lecture de plusieurs de nos Propositions, s'ils en sçauent tirer leur auantage.

II. ADVERTISSEMENT.

QVelques-vns remarquent qu'vn canon de baterie tirant rez les métaux, & portant mille pas communs, dont chacun est de deux pieds & demy, porte 220. pas dauantage au premier degré de son éleuation : qu'il s'en faut tousiours 5. pas à la portée de chaque degré suiuant, qu'il ne l'augmente de 220. pas : c'est à dire, que la portée du 2. degré d'éleuation surpassera seulement celle du premier degré, de 215. de sorte que ledit canon fera 1000. pas à sa premiere portée, 1220. à la seconde : au 3. degré 1435. au quatriesme 1645. au cinquiesme 1850. au sixiesme 2050. au septiesme 2245. au huictiesme 2435. au neufiesme 2620. au 10. 2800. à l'onziesme 2975. au douziesme 3145. au treiziesme 3310. au quatorziesme 3470. au quinziesme 3625. au seiziesme 3775. au dixseptiesme 3920. au dixhuictiesme 4060. au dixneuf 4595. au vingt 4325. au vingt & vn 4450. au vingtdeux 4570. au vingttrois 4685. au vingtquatre 4795. au vingtcinq 4900. au vingtsix 5000. au vingtsept 5095. au vingthuict 5185. au vingtneuf 5270. au trente 5350. au trente & vn 5425. au trentedeux 5495. au trentetrois 5560. au trentequatre 5620. au trentecinq 5675. au trentesix 5725. au trentesept 5770. au trentehuict 5810. au trenteneuf 5845. au quarante 5875. au quarante & vn 5900. au quarantedeux 5920. au quarantetrois 5935. au quarantequatre 5945. & au quarantecinquiesme, qui fait la plus grande portée, 5950. pas. Et si on éleue la piece pardessus 45. degrez, les

D iij

portées se diminuent en mesme raison qu'elles se sont augmentées: surquoy l'on peut voir Vsano & les autres qui ont traité de cette matiere: quoy que i'aye de la peine à me persuader qu'ils ayent fait les experiences de tous ces degrez.

III. ADVERTISSEMENT.

APres auoir rectifié les épreuues de la portée perpendiculaire de la bale qui monte en haut par l'impetuosité de la poudre à canon, i'ay trouué qu'elle retombe si loin du lieu d'où l'on tire le mousquet ou l'arquebuse, qu'il ne faut plus sestonner si on ne l'oit point retomber ny le iour ny la nuit, car elle retomba le dernier iour de May à plus de cent toises, & puis à plus de 150. toises du lieu où l'on tira le plus perpendiculairement qu'on peut, à raison du vent qui regna tout le iour. Or ie trouue par le calcul fait suiuant la proportion que les poids gardent dans la vitesse de leurs cheutes, dont i'ay parlé dans le 2. & le 3. liure des Mouuemens, & dans cettuy-cy, que la bale est montée 338. toises, parce qu'elle a employé 26. secondes depuis la sortie de l'arquebuse iusques à son retour: elle n'a pas neantmoins monté si haut à chaque coup, car ie n'ay quelquefois trouué que 284. toises, & le temps de 24. secondes; & lors que l'on a tiré auec de la dragée, ou poudre de plomb, elle est allée & reuenuë dans le temps de 12. secondes, & consequemment elle est seulement montée de 72. toises.

Quant à la grande portée de 45. degrez, nous ne l'auons trouuée guere plus grande que la perpendiculaire, à sçauoir de 330. à 360. toises, de sorte que ceux qui disent que cette grande portée est 9. 10. ou 11. fois plus grande que l'horizontale de blanc en blanc, comme Vsano & les autres qui ttaitent de l'Artillerie, sont fort esloignez de nos experiences, si ce n'est que le vent, qui nous estoit contraire, ait diminué cette portée des deux tiers; ce que i'ay voulu remarquer, afin que ceux qui auront la commodité, puissent faire ces experiences en temps calme, & le plus exactement qu'ils pourront: ou si ie les fay, i'en donneray auis.

VIII. PROPOSITION.

Expliquer plusieurs paradoxes de la vitesse des mouuemens, en faueur des Maistres & Generaux de l'Artillerie, & des Ingenieurs.

LOrs que l'on tire des boulets, des bales, des fleches, ou autres missiles en haut perpendiculairement, il est certain que s'ils retombent, leur cheute totale ne dure pas dauantage que leur montée entiere, c'est à dire, qu'ils descendent dans vn temps égal à celuy qu'ils employent à monter: par exemple, les fleches, les baguettes, les feux d'artifices, les matras, les pierres, &c. que l'on iette perpendiculairement en haut, & qui employent 5. 6. ou 7. secondes minutes à monter, en employent autant à descendre; ce qui arriue semblablement, encore que le coup ne soit pas parfaitement perpendiculaire, de sorte qu'il est fort probable que la bale tirée à l'angle de 45. degrez, ne soit autant à tomber depuis le point de sa plus grãde hauteur, comme elle a esté à monter, comme font voir les experiences. Mais le paradoxe de ce phenomene consiste particulierement en ce que le missile qui descend n'a quasi

De l'vtilité de l'Harmonie.

nulle force à l'égard de celle qu'il a en montant, quoy qu'il descende en mesme temps, dont il est tres-difficile de trouuer la raison : car l'experience ne fait point remarquer que la fleche qui monte, allentisse si fort son mouuement vers la fin, qu'il soit plus tardif que le mouuement de la cheute qui luy répond, & qui semble tousiours s'augmenter en mesme raison, que le mouuement violent que l'on considere vis à vis, se diminuë ; de sorte que si vne bale ou vne fleche commençoit à descendre du haut d'vne tour en mesme moment qu'vne autre partiroit d'vne arquebuse pour aller seulement iusques au haut de ladite tour, la premiere seroit aussi tost à terre que la seconde au haut de ladite tour.

Le second paradoxe consiste en ce qu'il semble que la fleche se meuue beaucoup plus lentement en descendant les dix dernieres toises, que lors qu'elle part de dessus l'arc, car elle est si viste qu'on ne la void quasi pas, au lieu que l'autre semble aller si lentement, qu'on peut la receuoir auec la main sans se blesser, quoy que sa descente entiere soit aussi viste que sa montée : ce qui feroit iuger que les dernieres toises du mouuement violent sont d'autant plus lentes que les premieres toises du mouuement naturel, que les premieres du violent sont plus rapides que les dernieres du naturel, n'estoit l'experience de l'œil, qui ne respond pas, ce semble, à cette compensation de tardiueté & de vitesse des premieres toises naturelles auec les dernieres violentes. L'air fendu & frappé perpendiculairement en montant, n'apporte pas, à mon auis, plus de resistence, ny consequemment plus de force au coup, que lors qu'il est frappé en descendant, de sorte que l'on ne peut en tirer la raison du peu d'effet de la cheute, non plus que de ce qu'elle est naturelle : & certes ie n'en sçay point de raison, si on ne la prend de la moindre vitesse des dernieres parties du mouuement naturel, qui soient beaucoup plus tardiues que les premieres du violent, quoy que toute la cheute se face dans vn temps égal à la montée, comme font voir toutes sortes d'experiences tant dans la ligne perpendiculaire que sur toutes sortes de plans inclinez à l'horison : mais la lumiere de l'experience ne fait pas voir assez clerement que les premieres parties de la cheute soient plus vistes que les dernieres de la montée, & par consequent que la vitesse des mouuemens violens ne decroisse pas en mesme raison que celle des mouuemens naturels s'augmente : dont ie laisse la détermination à ceux qui pourront faire des experiences assez exactes pour conclure ce que l'on en doit tenir.

I'ajoûte seulement quelques obseruations que i'ay fait des fleches tirées auec des arcs, n'ayant pû faire la mesme chose auec des bales de mousquet, de pistolet, ou d'arquebuse à croc, parce que de plusieurs coups tirez en haut perpendiculairement tant de iour que de nuit, ie n'ay pû oüyr ny voir que les bales retombent, ny iusques où elles vont à leur grande portée de 45. degrez.

Quant aux fleches, celle qui monte 32. toises perpendiculairement, employe 4. secondes à monter, & autant à descendre, de sorte que si elle suit la vitesse de sa cheute, elle fait 14. toises dans la premiere seconde minute en partant de dessus l'arc, & puis 10. toises dans la deuxiesme seconde minute, 6. dans la 3. & 2. dans la quatriesme, puis que les corps pesans qui tombent de 32. toises en 4. secondes, font deux toises dans la premiere seconde de leur cheute, 6. dans la deuxiesme, 10. dans la troisiesme, & 14. dans la quatriefme. Nous auons auſſi experimenté qu'vne baguette de la iuſte groſſeur du calibre d'vne arquebuſe à croc, ayant vne boëtte remplie de feu d'artifice attachée à l'extremité qui ſort dehors, monte 84. toiſes, lors que l'arquebuſe eſt chargée de 6. charges de poudre fine de piſtolet, & qu'elle retombe auſſi viſte comme elle monte. Ce qui peut ſeruir pour meſurer la hauteur des tours, des arbres, & des autres lieux inacceſſibles: car ayant tiré vne fleche, ou autre miſſile en haut perpendiculairement, laquelle aille auſſi haut que la hauteur qu'on veut meſurer, l'on aura cette hauteur par le temps & l'eſpace de la cheute du miſſile, ſuiuant les regles que i'ay expliqué dans le 2. liure des Mouuemens, ſoit que le miſſile aille auſſi haut, ou qu'il monte plus haut, pourueu que l'on puiſſe obſeruer le temps qu'il employe à tomber iuſques vis à vis de ladite hauteur, & celuy qu'il employe dans le reſte de ſa cheute; ou qu'il ne monte pas ſi haut, pourueu que l'on puiſſe remarquer la proportion de toute la hauteur auec la partie de la meſme hauteur, à laquelle le miſſile monte.

Ie laiſſe les vtilitez qu'ils peuuent tirer de la viteſſe des ſons, pour ſçauoir la largeur acceſſible, ou inacceſſible des foſſez, des foreſts, de la campagne, &c. & combien ils ſont eſloignez d'vne baterie, d'vne ville, &c. comme il il eſt aiſé de conclure par la propoſition qui ſuit.

PROPOSITION IX.

Demonſtrer que les Roys, & toutes les plus grandes Puiſſances de la terre peuuent tirer de l'vtilité de nos traitez Harmoniques, où l'on void pluſieurs remarques des Sons & des Echos.

SI tous les hommes connoiſſoient & aymoient Dieu comme il faut, & comme ils peuuent, ie ne doute pas qu'ils ne peuſſent vſer fort auantageuſement de nos Traitez & de nos experiences, & particulierement de celles qui concernent le mouuement; puis que les Monarques, par exemple, peuuent ſe ſeruir de la viteſſe des ſons pour ſçauoir des nouuelles de tout ce qui ſe paſſe ſur toute la ſurface de la terre dans fort peu de temps, comme ie demonſtre en cette façon.

Il eſt premierement certain que le ſon fort, ou foible, de quelque eſpece qu'il ſoit, par exemple celuy de la voix, ou du piſtolet, & du mouſquet, &c. ſoit à vent contraire, ou à gré, va par l'air d'vne égale viteſſe, comme nous auons experimenté pluſieurs fois fort exactement. En ſecond lieu, qu'il fait 230. toiſes dans le temps d'vne ſeconde minute, comme nous auons ſemblablement obſerué tant ſur les grandes montagnes; que dans les allées du parc de Monſieur de Verderonne, & ailleurs: d'où il ſ'enſuit que le ſon n'emploira pas 30. heures à faire le tour de la terre, comme i'auois dit dans le premier Corollaire de la 21. Prop. du 3. liure des Mouuemens, à raiſon que ie ne parle là que de la viteſſe des ſons reflechis par les echos; mais ayant trouué que la viteſſe des ſons droits eſt beaucoup plus grande, puis qu'ils font 230. toiſes en meſme temps que les ſons de l'echo n'en font que 162. il faut conclure que le ſon peut aller dans le temps de 21. heures 5. minutes, & ⅔ tout au tour de la terre, & par conſequent que ſ'il y auoit des poſtes de la voix, ou d'autres ſons en des lieux conuenables, que l'on pourroit appren-

De l'vtilité de l'Harmonie. 45

dre chaque iour tout ce qui s'est fait sur toute la surface de la terre, en quelque lieu que l'on pûst demeurer : par exemple, ce qui se fait maintenant à Paris peut quasi estre sceu aux Antipodes dans dix heures & demie, & dans tous les endroits de la terre qui sont entre nous & lesdits Antipodes, s'il y auoit des postes des deux costez : ce qui n'est pas impossible, si les Roys de la terre y vouloient entendre, d'où ils tireroient plus de contentement dans vn iour qu'ils n'en reçoiuent en toute leur vie : & tous les arts & les sciences en receuroient de tres-grandes lumieres en peu de temps, de sorte que l'on peut dire que les hommes se priuent de la plus grande perfection dont ils sont capables, faute d'vne mutuelle intelligence, laquelle nous ne verrons point, si la grande loy de la morale ne possede le cœur de tous les habitans de la terre, & particulierement celuy des Grands, qui donnent le bransle à tous les autres par leur seule parole. Et par ce moyen l'on auroit aisément les vrayes longitudes de chaque point de la terre, & mille autres connoissances tres rares & excellentes, comme il est aisé de conclure. Or il faut remarquer que cette communication se peut faire sans la voix, par le moyen des bruits de canon qui s'entendent de fort loin, quoy qu'il n'y ait rien plus propre que ladite voix, parce qu'elle exprime naïuement & distinctement tout ce qu'on veut ; ce qui se peut neantmoins faire en telle sorte, qu'il n'y aura que les Roys & les Princes qui entendront les nouuelles secrettes, ou celles qu'ils voudront, car il y a autant d'especes de chifres indechifrables pour la voix, & les paroles, que pour l'escriture, & peut estre mesme tout autant pour les pensées & les expressions internes de l'esprit.

Quant à la difficulté que l'on peut faire sur la differente vitesse du son au commencement & en son progrez, il est certain qu'il n'y en a point de sensible, car ayant mesuré cinq fois 230. toises, c'est à dire, 1150. toises en droite ligne, le bruit a iustement employé cinq secondes à faire cet espace, lequel est quasi égal à demie lieuë ; de sorte qu'il ne faut pas dix secondes, ou la sixiesme partie d'vne minute d'heure, pour sçauoir tout ce qui se passe vne lieuë au tour, & que le Roy peut auoir des nouuelles de tout ce qui se fait dans tout son royaume en moins d'vne heure, encore qu'il y eust deux cens lieuës de Paris à chaque frontiere, car le son feroit ce chemin dans 36. minutes, & 14. secondes d'heure.

Quant au bruit des Echos, qui ne font que 160. toises ou enuiron dans vne seconde minute, il est certain qu'il est plus lent que le son direct ; & parce qu'il est direct en allant du lieu où il se fait iusques à la muraille, ou au corps qui le reflechit, & par consequent qu'il fait ses 80. toises en moins d'vne demie seconde minute, il s'ensuit qu'il fait plus lentement les 80. toises de son retour ; ce que ie demonstre en ceste maniere. La voix directe fait 115. toises dans vne demie seconde, donc elle en fait 80. en moins de temps, puis que 80. est quasi vne fois & demie en 115, car 120. est sesquialtere de 80. & parce que les 5. toises que i'aioûte ne sont pas quasi sensibles dans l'experience, ie m'en sers pour la facilité du calcul, & dis que la voix reflechie ne va pas si viste que la directe, contre ce que i'auois dit dans la 21. Prop. susdite, qu'il faut modifier suiuant ces dernieres remarques. Or ie trouue qu'en faisant reflexion sur le retour des sons par le moyé des echos, sa vitesse est quasi au son direct, comme 2. à 3. c'est à dire en raison souz-sesquialtere : quoy qu'il soit malaisé d'expliquer pourquoy ce retour est plus lent, car il n'y a pas d'apparence que la muraille retienne la voix quelque espace de temps, puis que l'on experimente que le retardement se multiplie en mesme raison que l'on s'éloigne dauantage de ladite muraille : ce qui n'arriueroit pas, si tout le retardement estoit causé par elle, dautant qu'il seroit tousiours égal dans ce point de repos, ou de reflexion, & qu'il s'en faudroit éloigner de 195. toises pour ouyr la repetition de 14. syllabes, à sçauoir de 80. pour les 7. premieres, comme i'ay dit, à raison du premier retardement, & puis de 115. pour les 7. dernieres, qui n'auroient point de nouuelle cause de retardement ; si ce n'est que l'on dist que le mur retient le son d'autant plus long tēps qu'il le reçoit de plus loin, ce qui n'est pas vray semblable, puis qu'ils sont quelquefois beaucoup plus forts & plus vigoreux quand il les reçoit de loin que de pres, & neantmoins que l'éloignement de 160. toises luy fait repeter 14. syllabes prononcées en deux secondes, d'où il semble que l'on doit conclure que le retardement vient du son reflechi, lequel est moins viste que le direct : de sorte que la syllabe qui semble employer vne demie seconde entiere en allant à la muraille éloignée de 80. toises, & vne autre demie seconde à reuenir iusques à celuy qui parle, n'employe quasi qu'vn tiers de seconde pour aller, & les deux tiers à reuenir ; de sorte que la vitesse du son direct est quasi double de celle du reflechi : c'est pourquoy ceux qui voudront faire des echos de 14. syllabes, doiuent éloigner la surface reflechissante de 160. toises, qui emploiront deux secondes à répondre vne syllabe prononcée dans la septiesme partie d'vne seconde : quoy que ie ne vueille pas tellement conclure la cause de ce retardement, que ie ne sois prest d'en receuoir vne meilleure raison, comme ie suis en toutes les autres difficultez dont i'ay parlé.

COROLLAIRE.

SI l'on establissoit des postes des sons depuis Rome iusques à Paris, l'on pourroit auoir d'heure en heure des nouuelles de tout ce qui s'y passe, car le son n'employe pas 55. minutes à faire 300. lieuës, quoy que nul cheual, ou autre animal, ny mesme aucun oyseau, ne puisse aller de l'vn de ces lieux à l'autre en trois heures, encore qu'ils allassent aussi viste que la bale d'arquebuse de blanc en blanc, laquelle emploiroit du moins trois heures à faire ce chemin, allant tousiours de mesme vitesse que celle de point en blanc, car elle ne fait ces cent premieres toises que dans le temps d'vne seconde & demie, comme i'ay remarqué ailleurs ; & par consequent elle ne feroit qu'vne lieuë dans 37. secondes minutes.

PROPOSITION X.

Expliquer l'vtilité de l'Harmonie dans la Morale, & dans la Politique.

IL est aisé de monstrer que le concert des vertus qui perfectionnent l'ame, est composé des quatre vertus principales, ou cardinales, comme les concerts harmoniques de quatre parties, & de comparer chaque partie à chaque vertu, suiuant les proprietez des vnes & des autres ; & l'on peut dire qu'apres les trois vertus theologales, la Foy, l'Esperance, & la Charité, toutes les autres ne sont quasi plus que des repetitions & des ornemens, comme

De l'vtilité de l'Harmonie. 47

apres les trois parties d'vn concert, toutes les autres ne sont que des repliques ; & que chaque vertu est comme vne chorde particuliere de l'ame, dont l'harmonie chasse les passions & les vices, comme le son de la harpe de Dauid chassoit les demons. Et si l'on veut appliquer les 18. chordes des 3. genres, qui sont expliquez tres-clerement dans la 13. Prop. du liure des Genres, il est aisé de les comparer aux exercices des 3. genres de vie, à sçauoir à l'actiue, mixte, & contemplatiue, dont chacune peut estre diuisée en 15. ou 18. parties, ou exercices, afin que chacun responde à chaque chorde ; ou en 5. considerations, pour estre accommodées aux 5. especes des Tetrachordes. Or les mauuais effets des dissonances, & le déplaisir qu'elles apportent à l'oüye, peuuent nous faire conceuoir le desordre que les passions & les vices mettent dans la vie, de sorte qu'il n'y a rien dans toute l'Harmonie qui ne serue à la morale, soit pour monstrer le milieu Harmonic, Arithmetic, & Geometric de chaque vertu, ou pour tout ce que l'on peut s'imaginer.

S'il estoit permis de prendre la mesme liberté, que Platon, Ptolomée, & plusieurs autres se sont donné dans les rapports qu'ils ont fait des sons, des consonances, & des Genres, à l'ame, à ses facultez, & à tout ce qui la concerne, nous aurions le sujet d'vn volume entier, car ils disent que le son porte l'idée & l'affection de celuy qui chante dans le fond de l'esprit des auditeurs, qu'ils croyent estre le lien de l'ame & du corps, & qu'il les rauit par vne volupté inexplicable ; de sorte que si les consonances estoient meslées auec autant d'artifice que les saueurs, & ce qui charme le toucher, Apollon auroit beaucoup plus de force sur eux que n'en a Bacchus ou Venus. Or Ptolomée compare la simplicité de l'Octaue à l'entendement, ou à la vie raisonnable dans le 4. chap. de son 3. liure, le Diapente à la sensitiue, & le Diatessaron à la vegetatiue, parce que la Quinte est plus proche de l'octaue que la Quarte, comme la vie sensitiue est plus proche de la raisonnable que n'est la vegetatiue. Il compare encore les trois especes de Quarte aux 3. temps de la vegetatiue, à sçauoir à son commencement, sa vigueur, & sa declinaison, mais i'aimerois mieux les comparer à ses 3. fonctions, à sçauoir d'engendrer, d'augmenter, & de conseruer, ou d'attirer, de retenir, & de rejetter. Il compare les quatre especes de Diapente aux quatre principales facultez de l'ame sensitiue, qui consistent à voir, oüyr, flairer, & gouster, & les 7. especes d'Octaue à celles de la raisonnable, à sçauoir à l'imagination, l'intellect, la memoire, la cogitatiue, l'opinion, la raison, & la science. Ie laisse le reste de son chapitre afin qu'on le lise, & que l'on iuge si les raisons du nombre des vertus, qu'il accommode à la raison, à l'irascible, & à la concupiscible, suffisent pour leur comparer le Diapason, le Diapente, & le Diatessaron.

Mais i'ay expliqué tout cecy si particulierement dans le 13. Theoreme du 2. & dans le 16. du 1. liure du traité de l'Harmonie vniuerselle, imprimé sous le nom de *Sermes*, qu'il n'est pas necessaire d'en parler dauantage. A quoy l'on peut ajoûter le 27. 28. & 29. chapitre de l'abbregé qu'a fait Marsile Ficin du Timée de Platon. Ie remarqueray seulement que les grands interualles qui montent, & puis qui descendent, comme il arriue lors qu'on monte par la Sexte mineure, & que l'on redescend par le demi ton, excitent la tristesse & les pleurs, particulierement si la mesure est binaire & pesante, car la triple excite à la ioye : surquoy l'on peut voir le 15. chap. du 3. liure de l'Harmonie de Kepler, où il remarque fort bien que le tetrachorde est plus naturel, & le plus ioyeux, lors qu'il commence par le ton majeur, & puis qu'il fait le mineur & le demi ton majeur pour acheuer la premiere espece de Quarte, laquelle il attribuë au ton Lydien : La seconde qui commence par RE, est la plus temperée, parce qu'elle a le demiton au milieu : il l'accommode au ton Dorien : & la 3. espece a le demiton au commencement, c'est pourquoy elle est plus triste ; il l'applique au ton Phrygien : mais i'ay expliqué si clerement ces tons, ou Modes dans la 15. Prop. du 3. liure des Genres de Musique, qu'il n'est pas necessaire d'y rien ajoûter : ioint que chacun peut tirer vne infinité de considerations morales de tous nos liures, & particulierement du dernier article de la grande question que i'ay faite de la Musique, dans le Commentaire sur la Genese, & du Poëme de Guy de la Boderie qui est dans nos Paralipomenes.

Quant à la Politique, tout ce que nous auons dit sert grandement pour entendre plusieurs passages de la Republique de Platon & d'Aristote ; & le liure des Chants donne d'excellens moyens pour escrire des lettres secretes qui ne peuuent estre dechiffrées ; ioint que le temperament des tons necessaires pour l'harmonie des instrumens, & le meslange des dissonances auec les consonances peuuent les induire à considerer qu'il est necessaire de permettre quelques defauts dans les Republiques, n'y ayant que celle où Dieu preside immediatement, à sçauoir celle du Ciel, qui soit exempte de toute sorte d'imperfection.

L'on peut voir le grand discours que fait Bodin dans sa Republique pour monstrer les 3. sortes de proportions & de medietez dans la Politique selon les trois estats d'Oligarchie, d'Aristocratie, & de la Monarchie, à sçauoir l'Arithmetique, la Geometrique, & l'Harmonique : mais il est à propos de lire quant & quant la digression Politique de Kepler, dans laquelle il reprend ledit Bodin en plusieurs endroits : dont on pourra tirer beaucoup de lumiere pour aller plus auant, ou pour trouuer lesdites medietez ou proportions en plusieurs autres manieres. Mais si l'on considere que les plus grandes chordes qui se meuuent le moins, font trembler les moindres, comme les plus grands des Republiques font remuer le peuple par leur seule parole ; & que les Princes & Seigneurs suruenans, & s'interposans entre les Rois & les peuples, font vne liaison, & vn concert semblable à celuy qui naist des differentes parties ajoûtées entre la Basse & le Dessus, l'on aura peut estre vn sujet plus reel ou vne maniere plus certaine & mieux fondée dans la nature des choses, que les precedentes.

Car les plus grandes chordes, & les Basses approchent dauantage du silence & du repos ; & par consequent representent mieux les puissances supresmes, & mesme la diuinité ; & contiennent les moindres chordes & les Dessus, comme Dieu contient toutes choses.

Ie laisse mille comparaisons qui se peuuent tirer de la 3. & 4. proposition du 4. liure de la Composition, pour exprimer les differents emplois de tous les membres d'vne Republique par les differents effets des 4. parties de la Musique. Ce que l'on peut aussi appliquer au gouuernement moral de l'ame, dont la volonté est la plus grosse chorde, qui fait remuer toutes les autres facultez comme il luy plaist : si ce n'est que l'on donne cette prerogatiue à l'entendement. Quoy qu'il en soit, toutes les creatures sont comme
autant

De l'vtilité de l'Harmonie. 49

autāt de chordes ou de tuyaux de la grande Lyre de l'vniuers, que le diuin Orphée gouuerne en donnāt tel ton & tel accord qu'il luy plaist à toutes les parties du monde, cõme l'on peut comprendre par cefte figure, dans laquelle les lettres ordinaires de l'echele de Musique, qui commencent par Γ, (qui signifie la plus basse partie, à sçauoir la terre) representent chaque estage du monde, & ont l'estenduë du Disdiapason, c'est à dire du plus grand systeme des Grecs, dont on void l'imagination dans les degrez & interualles qu'ils ont mis entre les planetes. Or il n'est pas besoin de particulariser tout le symbolisme de cette figure, puis qu'elle est remplie de dictions qui expliquent tout, & qu'il suffit que chacun tienne bien la partie que la prouidence diuine luy a donnée en cette vie, afin que nous oyons le concert des Bien-heureux, & que nous y soyons admis pour ioindre nos voix & nos cœurs auec les leurs, & que nous adorions Dieu eternellement en esprit & en verité: ioint que i'ay donné

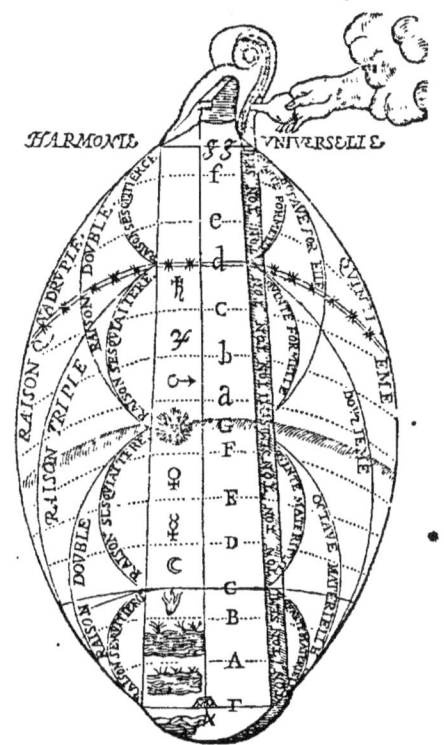

vne tres ample explication de cette figure dans le 13. Theoreme du 2. liure du Traité de l'Harmonie vniuerselle, où l'on void quasi tout ce que l'on peut dire de l'Harmonie des Cieux; particulierement si l'on ajoûte la 8. Prop. du mesme liure.

Corollaire en faueur des Iuges & des Aduocats.

S'Il estoit question de faire voir la necessité de l'Arithmetique, & de la Geometrie dans la Iudicature, il suffiroit de produire toutes les difficultez des questions testamentaires, & tout ce que Diophante propose dans ses liures, & Buteo dans les siens, pour l'explication du Droit, ou de lire les liures de Sempilius : mais il semble plus difficile de monstrer en quoy la Musique peut seruir aux Iuges & aux Aduocats, car bien que le milieu harmonic soit l'vn des trois, par lesquels on explique les trois estats, à sçauoir le Monarchique, l'Aristocratique, & le Populaire, comme ie monstre dans le 10. chap. du 2. liure de la verité des Sciences (laquelle donne vne infinité de lumieres pour les Iuges, les Predicateurs, & pour toutes sortes de personnes, comme l'on confessera, si en lisant les 4. liures qu'elle contient, on prend la peine d'en accommoder les pensées à la morale, & aux vsages de la vie) neantmoins il faut monstrer plus clerement les vtilitez qu'elle peut apporter, supposé qu'on la prenne dans la mesme estenduë que i'en traite.

Ie di donc que sa connoissance sert pour iuger le procez qui se peut mouuoir entre les Paroissiens ou les Marguilliers d'vne Eglise, & les Facteurs d'orgue, cettuy-cy disant que son orgue est parfait, & qu'ils sont obligez de le receuoir, & ceux-là contestans qu'il n'est pas en estat, ce que les Commissaires deputez pour visiter ledit orgue iugeront aisément par la 37. & 44. Prop. de nostre 6. liure des Orgues, particulierement s'ils en ont leu le Traité entier : & s'il est necessaire que les Aduocats plaident cette cause, ils y apprendront tout ce qu'il est necessaire de sçauoir pour dresser leurs plaidoyers, de sorte qu'ils n'vseront pas seulement des propres termes de l'Art, mais ils pourront enseigner beaucoup de particularitez, & le fond de la science aux Facteurs, & aux Organistes. Or il est constant qu'vn tel procez seroit d'assez grande consequence, puis qu'vn grand orgue peut couster 15. ou 20. mille liures, & dauantage. Les Iuges profiteront encore à la lecture de cet œuure, pour iuger le different qui peut arriuer entre deux ou plusieurs Maistres de Musique ; par exemple, si le Roy donnoit la conduite de sa Chappelle, ou de toute sa Musique au plus sçauant Musicien de la France, & qu'il fust question d'enuoyer des Commissaires pour presider à leur dispute, ils iugeront aisément de leur sçauoir, pourront eux mesmes les interroger, & voir par 2. ou 3. questions & difficultez qu'ils leur proposeront, quel est le plus habile, & par consequent ils iugeront equitablemēt sans faueur, & sans qu'il y puisse auoir appel, puis qu'ils sçauront la science de la Musique beaucoup mieux qu'eux, s'ils lisent & comprennent nos Traitez. Car il ne faut pas s'imaginer que l'esperance de 15. ou 20. mille liures de rente, que lesdits Maistres peuuent aquerir dans peu de temps en cette charge, ne soient capables de susciter vn procez.

Cette science peut aussi ayder aux Presidens & autres officiers, qui font les ouuertures du Palais, ou de leurs Chambres, ou qui haranguent deuant le Roy, parce que la beauté, la iustesse, le bel ordre, & les autres circonstances de l'Harmonie leur feront trouuer mille belles pensées pour entrer en matiere, & souuent ez bonnes graces du Roy, qui cherit si fort la beauté de cet Art, qu'il est difficile que les inuentions & les comparaisons que l'on en tire, ne luy soient agreables. Ie laisse mille autres vsages qu'ils appliqueront eux mesmes à ce qu'il leur plaira en lisant chaque Traité, ou celuy qui leur agreera dauantage. Ils regleront aussi tous les differens qui peuuent naistre entre les fondeurs de Cloches, puis qu'ils pourront connoistre leurs pesanteurs par leurs sons, & au contraire, comme ie demonstre dans le liure des Cloches.

Aduertissement pour le Traité des raisons qui suiuent.

PVis que nos Traitez Harmoniques dépendent de la connoissance des raisons & des proportions, lesquelles sont comme la forme, & l'ame de toutes les Mathematiques, d'où il arriue que d'excellents Geometres font plus d'estat du cinquiesme liure d'Euclide que des autres, parce qu'il traite de ce suiet, par lequel il seroit à propos de commencer lors qu'on enseigne la Geometrie, il est raisonnable que nous en traitions, afin que ceux qui prendront la peine de lire cet œuure, n'ayent pas besoin d'auoir recours à

De l'vtilité de l'Harmonie.

d'autres liures, s'ils ne veulent. Neantmoins parce que i'ay parlé tres-amplement de toutes sortes de raisons & de proportions dans le 2. liure de la verité des Sciences, que l'on peut auoir aisément, ie suy icy vne autre methode, & en parle plus briefuement, quoy que i'essaye à n'y laisser point d'obscurité.

PROPOSITION XI.

Considerer la raison dans toutes ses especes, & expliquer les termes necessaires pour les entendre.

LE raport, ou *l'habitude* que deux choses ont ensemble, s'appelle *Raison* par les Geometres, & parce qu'elles sont égales ou inégales, ils mettent deux genres de raisons, dont l'vne est celle *d'égalité*, qui s'explique par deux nombres égaux, comme sont 2. & 2. Or cette raison fait son genre à part, ou plustost elle n'a point de genre, puis qu'elle n'a point d'especes, de sorte que l'on peut la comparer à Dieu qui est par dessus tout genre, & toute espece.

Mais le genre *d'inegalité* se diuise en 2. autres genres subalternes, à sçauoir en la raison *d'inegalité majeure, & mineure*, dont chacun a 5. especes; car lors que ce qui est plus grand surpasse tellement ce qui est moindre, qu'il le contient plusieurs fois sans qu'il reste rien, comme il arriue que 2. contient deux fois vn, & que trois le contient 3. fois, & ainsi des autres iusques à l'infiny : ceste raison se nomme *Multiple*, & contient vne infinité d'indiuidus, à sçauoir la raison *double, la triple, la centuple, la millecuple,* &c. Et lors que la moindre chose est *l'antecedent* de la raison, elle est *souz-multiple* : ce qu'il faut remarquer vne fois pour toutes, dautant que la raison *d'inegalité mineure* n'est differente de la *maieure*, qu'en ce qu'il faut ajoûter la syllabe ou la præposition *souz* deuant la denomination des raisons de majeure inegalité. Il faut encore remarquer que le premier terme de la raison, ou de la comparaison est appellé *Antecedent*, & le 2. *Consequent*, quoy qu'on les puisse nommer plus simplement *Premier & Second*.

La seconde espece de raison s'appelle *Surparticuliere*, parce que son plus grand extreme contient vne fois le moindre, & en oûtre vne de ses parties aliquotes, par exemple 3. contient 2. & la moitié de 2. & 4. contient 3. & le tiers de trois, c'est pourquoy le nom de chaque indiuidu de cette raison se prend de cette partie aliquote, de là vient que nous disons que la raison de 3. à 2. est *Sesquialtere*, ou *d'autant & demi*, parce que la partie aliquote est la moitié, & que celle de 4. à 3. est *sesquitierce, ou d'autant & vn tiers*, parce que la partie aliquote est vn tiers, & ainsi des autres iusques à l'infiny, puis qu'vn tout a vne infinité de parties aliquotes; & si l'on met le moindre terme le premier pour seruir d'antecedent à la raison, on ajoûte *sous*; par exemple celle de 3. à 4. est *souz-sesquitierce*.

La 3. espece s'appelle *Surpartiente*, parce que son plus grand terme contient vne fois le moindre, & 2. ou plusieurs de ses parties aliquotes, comme deux tiers, trois quarts, &c. qui ne peuuent faire vne partie aliquote du moindre terme; par exemple 5. contient 3. & les deux tiers du mesme 3; c'est pourquoy on appelle la raison de 5. à 3. *surbipartiente trois, ou surpartiente deux tiers*, de sorte que les parties aliquotes sont exprimées apres la diction *surpartient*.

E ij

De l'vtilité de l'Harmonie.

La 4. espece n'est autre chose que la premiere iointe à la seconde, comme quand on compare 5. à 2. car 5. contient deux fois 2. & la moitié de 2, c'est pourquoy cette raison prend son nom de la *multiple*, & de la *surparticuliere*, & est appellée *Double-sesquialtere*, & si 2. est *l'antecedent*, l'on dit *souz-double-sesquialtere*, & ainsi des autres.

La 5. espece est composée de la premiere, & de la troisiesme, comme l'on void en comparant 8. à 3, car 8. le contient 2. fois, & les deux tiers ; c'est pourquoy on l'appelle *Double-surpatiente-deux-tiers*: ou *sous-double*, si l'on met 2. au premier lieu. Or toutes ces especes de raisons sont appellées *Rationnelles*, parce que leurs termes sont en mesme raison que les nombres aux nombres, ausquels l'vnité sert tousiours de mesure commune. Mais il y a vne autre sorte de raison que l'on nomme *Irrationnelle*, comme est celle du diametre du quarré à son costé, dont nous parlerons apres auoir expliqué ce qui concerne les *rationnelles*.

Ie di donc premierement que si l'on diuise le plus grand terme d'vne raison par le moindre, que l'on aura la *denomination*, ou le *nom* de cette raison, & consequemment qu'on le connoistra par ses extremes: par exemple, si l'on diuise 16. par 2, le quotient 8. monstre que ces deux nombre 6. & 2. sont en raison octuple: si l'on diuise 3. par 2. vn & demy donne leur raison dautant & demi; comme 3. diuisant 8. l'on a 2. & ⅔ pour le nom de la raison *double surpatiente deux tiers*.

En second lieu, si l'on diuise le plus grand terme par le nom de la raison, l'on aura le moindre terme, & si l'on multiplie le moindre on aura le plus grand, de sorte qu'il suffit de connoistre l'vn des termes de la raison donnée pour treuuer l'autre: par exemple, 6. estant donné pour la raison double, on a trois en le diuisant par 2, qui nomme la raison double: & si on a 4. pour la raison souz-double, 2. multipliant 4. donne 8.

En 3. lieu, si l'on multiplie les extremes par tel nombre que l'on voudra, les produits serôt tousiours en mesme raison que les extremes; par exéple, si on multiplie les termes 3. & 2. par 4. l'on aura 12. & 8. en raison sesquialtere, & ainsi des autres. En fin l'on trouue les termes radicaux de chaque raison en la maniere qui suit. Le *denominateur* de la raison & l'vnité donnent ceux de la multiple, par exemple 2. qui est le denominateur de la double, & 1. Le denominateur de la partie aliquote, & le nombre plus grand de l'vnité donnent ceux de la raison surparticuliere, comme l'on void dans la sesquialtere de 3. à 2. dont 2. est le denominateur. Le denominateur des parties aliquotes, & le nombre composé du numerateur & du denominateur donnent ceux de la raison surpatiente: par exemple 3. est le denominateur de la surbipartiente-trois, & le numerateur est 2. lequel ajoûté au denominateur l'on a 5. Le moindre terme demeure tousiours dans les multiples particulieres & surpartientes, comme l'on void de 5. à 2. qui est double sesquialtere, & de 8. à 3. qui est double surbipartiente trois : d'où il s'ensuit que les termes radicaux de chaque raison ne communiquent en aucune partie aliquote qu'en l'vnité.

Quant à la generation des raisons, l'on a les multiples en multipliant les nombres, qui se suiuent naturellement, par le denominateur de la premiere multiple, à sçauoir par 2. si l'on veut auoir toutes les raisons doubles, ou par 3. pour engendrer toutes les triples ; comme l'on void

en ces nombres, où il faut remarquer que toutes les raisons doubles
2. 4. 6. 8. 10. | 3. 6. 9 12. 15. | qui se suiuent ne sont éloignées que de l'vnité,
1. 2. 3. 4. 5. | 1. 2. 3. 4. 5. | les triples du binaire, les quadruples du ternaire,
&c. Quant aux raisons sesquialteres, elles sont produites par la comparaison de tous les nombres auec ceux qui suiuent selon leur ordre naturel, comme l'on void icy, où 3. & 2. sont en raison sesquialtere 4. & 3. en
3. 4. 5. 6. 7. | sesquitierce, 5. & 4. en sesquiquarte, &c. Et les raisons sur-
2. 3. 4. 5. 6. | partientes viennent de la comparaison de tous les nombres impairs, qui commencent à 5. comparez auec les nombres qui suiuent leur ordre naturel depuis 3. comme l'on void en ces deux rangs de nombres.
5. 7. 9. 11. 13. 15. |
3. 4. 5. 6. 7. 8. |

Si l'on veut les raisons multiples surparticulieres, il faut seulement ajoûter le moindre terme au plus grand, par exemple, 2. à 3. pour auoir 5. lequel est en raison double sesquialtere de 2. si on double 2 pour auoir 4. & pour l'ajoûter à 3. l'on a 7. qui est en raison triple sesquialtere de 2. &c. Il arriue la mesme chose à la raison surpartiente, qui deuient multiple par l'addition du moindre terme au plus grand, par exemple, 3. ajoûté à 5. fait 8. qui est double surbipartient trois, & ainsi des autres.

XII. PROPOSITION.

Expliquer les quantitez & les raisons incommensurables, ou irrationnelles.

CEux qui ne sont pas acoustumez aux termes de la Geometrie festonnent de ce que l'on appelle vne raison *irrationnelle* ; & ceux qui ne connoissent que les nombres, ont de la peine à se l'imaginer, dautant qu'il n'y a point de nombres qui ne soiét rationels, puis qu'ils ont tous l'vnité pour leur commune mesure : Mais lors que l'on considere les lignes, & leurs puissances, l'on rencontre vne infinité de rapports irrationels, car l'on peut prendre tant de lignes que l'on voudra commensurables, & incommensurables en longitude & en puissance à toute autre ligne proposée, laquelle on appelle *rationnelle*, parce qu'elle est connuë, & que ces parties s'expliquent par nombres, si l'on veut.

Mais il faut premierement considerer l'incommensurabilité de deux termes entr'eux auant que d'y mesler cette rationnelle : ce que nous ferons dans les lignes, quoy qu'on le puisse en quelque façon appliquer au mouuement & au temps. Ie di donc premierement que les lignes qui ne peuuent estre mesurées par vne commune mesure lineaire, sont incommensurables en longitude, comme il arriue au diametre du quarré comparé à son costé, car si l'on diuise le diametre par le costé, & le costé par le residu du diametre, & ainsi consecutiuement, iamais l'on ne rencontrera deux parties égales, & l'vne surpassera tousiours l'autre d'vne partie incommensurable ; ce qui arriue aussi à la ligne composée du diametre, & du costé.

Quant aux lignes incommensurables non seulement en longueur, comme les precedentes, mais aussi en puissance, il y en a semblablement vne infinité, par exemple, la moyenne proportionnelle entre le costé & le diametre n'a nulle commune mesure, soit en longueur ou en puissance, c'est à dire que son quarré n'est point commensurable aux quarrez du diametre, & du costé, dont le premier est double de l'autre, car le quarré d'vne ligne ou d'vn nombre est sa puissance. Or il est si éuident qu'il y a des raisons *irrationnelles*, c'est à dire, qui ne peuuent s'exprimer par nombres, qu'il n'est pas necessaire de le preuuer : par exemple, les 2. raisons égales, dont la raison double est composée, ou par lesquelles elle est diuisée par la moyenne proportionnelle, sont irrationnelles, ce qui arriue semblablement aux 6. ou aux 12. raisons, qui la diuisent en 6. tons, ou en 12. demi-tons égaux, dont nous auons parlé dans le 1. 2. & 4. liure des Instrumens à chordes. Cette double raison & sa diuision se rencontrent dans le quarré, dont le diametre est moyen proportionel entre les 2. lignes qui sont en raison double : & si l'on descrit vn moindre triangle sur la moitié du diametre du quarré precedent, afin que son costé luy serue de diametre, il est certain que le grand diametre sera double du moindre, & consequemment que le grand diametre, son costé, & le costé du moindre seront 3. lignes continuellement proportionnelles, dont celle du milieu diuisera la raison des deux extremes en deux moitiez de la raison double : d'où il s'ensuit que la raison du diametre au costé est la moitié de la raison double, & qu'il arriue souuent que le tout peut estre exprimé par nombres, encore qu'ils ne puissent expliquer sa moitié, si l'on prend la raison diuisée pour vn tout, & les raisons diuisantes pour ses parties.

Or comme la moyenne entre le diametre & le costé leur est incommensurable en puissance, parce qu'il y a mesme raison du quarré du diametre à celuy de la moyenne, que du mesme diametre au costé ; de mesme toutes les autres moyennes entr' ladite moyenne, & le diametre, ou le costé, sont tousiours incommensurables en puissance. Si l'on veut sçauoir tout ce qui appartient aux lignes tant commensurables & rationnelles, qu'incommensurables & irrationelles, & aux quarrez, & plans rationels & irrationnels, il faut lire le 10. liure d'Euclide, car il n'est pas à propos de le mettre icy : c'est pourquoy ie viens à l'explication des raisons qui sont necessaires tant aux Musiciens, qu'à tous ceux qui font estat de raisonner & de contempler les ouurages du Createur, qui a tout fait en nombre, en poids, & en mesure, c'est à dire, en proportion, quoy qu'il soit tres-difficile d'en rencontrer les termes & la progression.

Or toute la connoissance des raisons consiste à les nombrer, à les continuer ou composer, ajoûter, soustraire, multiplier, & diuiser, de sorte que la Proposition precedente peut estre comparée à la numeration Arithmetique, & celles qui suiuent, à l'Addition, Soustraction, Multiplication, & Diuision des Nombres, & consequémment que ce Traité est l'Arithmetique des raisons, laquelle i'ay donnée dans le 5. liure Latin des Dissonances : mais parce que peu de Musiciens entendent cette langue, quoy que plusieurs d'entr'eux ayent bon esprit, ie les explique icy en François en leur faueur.

De l'vtilité de l'Harmonie.

PROPOSITION XII.

Continuer, aioûter, souftraire, multiplier, & diuifer les raifons.

Continuation des Raifons.

La raifon donnée fe continüe en faifant que le Confequent ait mefme raifon à vn autre terme, que l'antecedent audit Confequent.

CEtte methode femble plus difficile en fes termes qu'en l'operation, qui ne dépend que de la regle de trois, comme ie monftre dans la raifon de 4. à 6. dont l'antecedent eft 4. & le confequent 6. car fi 4. donne 6. il eft éuident que 6. donnera 9. parce que 9. furpaffe 6. de la moitié de 6. comme 6. furpaffe 4. de la moitié de 4. c'eft à dire, que la raifon de 6. à 9. eft foufsefquialtere, comme celle de 4. à 6. & fi l'on commence la raifon par 9. on trouuera qu'il y a mefme raifon de 9. à 6. que de 6. à 4. & que l'vne & l'autre eft fefquialtere. Or cette operation a vne infinité d'vtilitez, comme il eft aifé de conclure par vne grande partie de ce que i'ay dit en diuers endroits, par tous les exemples que l'on en trouue dans les Arithmetiques, & par toutes les folutions des triangles qui en dépendent. Ie donne feulement vn exemple Phyfique pour en monftrer la pratique. Il eft certain que toute forte de bruit fait 230. toifes dans vne feconde minute, l'on fçaura donc combien il fait de toifes dans vne minute d'heure : & pour ce fujet il faut dire fi 1. me donne 230. combien me donnera 60., c'eft à dire, vne minute ; ce que l'on trouuera en donnant vn troifiefme nombre qui foit à 60. comme 230. eft à vn ; lequel on aura en multipliant 230. par 60. à fçauoir 13800. toifes, c'eft à dire, quafi 5. lieuës & demie. Or cette premiere regle fert pour trouuer les termes d'vne confonance, ou d'vne diffonance doublée, triplée, quadruplée, &c. iufques à l'infiny, & pour defabufer les Praticiens, qui croyent que les confonances, qu'ils appellent *repliques*, ou *repetitions*, font *doublées*, par exemple que la Douziefme, dont la raifon eft d'vn à 3. n'eft autre chofe que la *Quinte doublée*, d'où il f'enfuiuroit que la raifon de 2. à 3. eftant doublée feroit celle d'vn à 3. au lieu qu'elle eft de 4. à 9. comme i'ay monftré cy-deffus, car la raifon d'vn à 3. eft compofée de celle de 1. à 2. & de celle de 3. à 2. Enfin cette Propofition eft tres-vtile pour doubler & tripler toutes fortes de raifons, afin d'auoir la raifon des plans & des folides : par exemple, lors qu'on veut fçauoir la raifon des 2. quarrez, dont les coftez font entr'eux en raifon fefquialtere de 3. à 2. cette raifon eftant doublée, comme cy-deffus, monftre que lefdits quarrez font entr'eux en mefme raifon que 9. à 4. Et fi l'on veut paffer outre pour treuuer la raifon des cubes, dont les coftez font entr'eux comme 3. à 2. il faut encore continuer la raifon, afin de trouuer vn nombre qui foit à 4. comme 1. eft à 3. c'eft à dire qui foit en raifon fousfefquialtere de 4. & l'on aura 2⅔ de forte que 9. 6. 4. 2⅔. ou, pour éuiter la fraction, 27. 18. 12. 8. contiennent trois raifons fefquialteres continuées, & par confequent trois Quintes, ou la Quinte triplée, dont les 2. termes extremes 27. & 8. monftrent la raifon des cubes qui ont 3. & 2. pour leurs coftez. L'on peut continuer de la mefme façon les raifons iufques à l'infiny, ce qui n'a pas grande vtilité dans la Musique, parce que 2. ou plusieurs accords doublez, triplez, & continuez tant qu'on voudra, ne vallent rien, & font tousiours des dissonances, si l'on en excepte la seule Octaue : par exemple le Diapente precedent de 3. à 2. estant doublé fait la Neufiesme majeure de 9. à 4. s'il est triplé il fait la Treiziesme majeure trop grande d'vn comma, car la raison de 27. à 8 surpasse la raison de 10. à 3. d'vn comma : & si on quadruple le Diapente, il surpasse la Dixseptiesme majeure d'vn comma. Il est aisé de trouuer de combien chaque autre consonance doublée, triplée, ou quadruplée, surpasse les accords ; & quels discords elles font ; ce qui n'est pas hors de propos, lors qu'on veut comparer les interualles harmoniques aux quarrez, ou aux solides, à cause de leur composition de 2. 3. ou plusieurs raisons.

PROPOSITION. XIII.

L'addition des raisons se fait en multipliant l'antecedent de l'vne des raisons par l'antecedent de l'autre, & le consequent par le consequent ; car les produits qui viennent de ces multiplications contiennent vne raison composée des deux raisons aioûtées.

L'On comprendra cette seconde regle par l'exemple qui suit : Ie suppose que l'on vueille ajoûter la raison de 3. à 2. à celle de 4. à 3. c'est à dire, la raison du Diapente à celle du Diatessaron ; il faut tellement escrire ces nombres que l'antecedent de l'vne des raisons soit vis à vis de l'antecedent de l'autre, & le consequent vis à vis du consequent, en cette maniere, *& apres

*
3   2
4   3
—
12 6

auoir tiré vne ligne dessous, il faut multiplier 4. par 3. pour auoir 12. qui se met dessous les antecedens, & puis 3. par 2. pour auoir 6. que l'on met dessous les consequens, de sorte que l'on a la raison de 12. à 6. laquelle vient de l'addition des deux raisons susdites : & si l'on veut encore ajoûter vne ou plusieurs autres raisons à la raison de 12. à 6. il est bon de la reduire premierement à ses termes radicaux, à sçauoir à 2. & 1. & puis on luy ajoûte telle autre raison qu'on veut de la mesme maniere que nous auons fait cy-deuant, sans qu'il soit necessaire d'en donner d'autres exemples. I'ajoûte seulement que cette addition de raisons est necessaire aux Musiciens qui desirent prouuer la verité de leurs positions, car comment prouueront-ils que la raison sesquioctaue, & la sesquineufiesme du ton majeur & mineur font le Diton, ou que le ton mineur ioint à la Tierce mineure fait la Quarte, s'ils ne peuuent ajoûter lesdites raisons ?

PROPOSITION XIV.

Lors qu'on veut oster vne moindre raison d'vne plus grande, s'il faut multiplier l'antecedent de l'vne par le consequent de l'autre, & le consequent par l'antecedent.

CE que l'on comprendra par cet exemple. Soit la raison de 8. à 5. c'est à dire, la raison de l'Hexachorde mineur, que nos Praticiens nomment *Sexte mineure*, laquelle il faille oster ou soustraire de la raison double

De l'vtilité de l'Harmonie.

de 2. à 1. ou de l'octaue; ie di qu'il faut mettre le conſequent de chaque raiſon ſous l'antecedent; afin de les multiplier l'vn par l'autre, & d'auoir la raiſon qui reſte ; par exemple, ſi l'on veut oſter la raiſon ſeſquialtere de 3. à 2. de la raiſon double de 2. à 1. il faut mettre le 2. de la raiſon ſeſquialtere ſous le 2. de la raiſon double, & le 3. de celle-là ſous le 1. de celle-cy, & multiplier 2. par 2. pour auoir 4. & 3. par 1. pour auoir 3. & par conſequent pour auoir la raiſon ſeſquitierce de 4. à 3. qui reſte apres la ſouſtraction. L'on peut auſſi mettre l'antecedent ſous l'antecedent, & le conſequent ſous le conſequent, & mener vne croix de l'antecedent de l'vn au conſequent de l'autre, afin de multiplier en croix, comme l'on void à la marge, mais l'autre maniere eſt plus aiſée. Surquoy il eſt bon de remarquer que cette operation eſt tres-vtile pour trouuer ce qui reſte d'vne conſonance, apres que l'on en a oſté telle autre conſonance, ou diſſonance que l'on veut. Ie laiſſe mille autres vſages que chacun peut tirer de cette regle, afin de venir aux autres operations.

$$\begin{array}{cc} 2, & 1 \\ 1, & 3 \\ \hline 4, & 3 \end{array}$$

$$\begin{array}{cc} 2 & 1 \\ & \times \\ 3 & 2 \\ \hline 4, & 3. \end{array}$$

PROPOSITION XV.

L'on multipliera la raiſon donnée, ſi l'on prend les puiſſances de l'antecedent, & du conſequent de l'ordre determiné par le multipliant.

CE que l'on entendra aiſément par les exemples qui ſuiuent : poſons donc que l'on vueille multiplier la raiſon de 3. à 2. & par conſequent la Quinte, & parce que la multiplication va iuſques à l'infiny, qu'il la faille ſeulement doubler & tripler : les quarrez de ſon antecedent 3. & de ſon conſequent 2. donneront 9. & 4. pour la raiſon doublée ; & les cubes du meſme antecedent & conſequent, donneront la raiſon triplée de 27. à 8. comme le quarré quarré du meſme antecedent & conſequent, donneront la raiſon quadruplée de 81. à 16. & ainſi des autres iuſques à l'infini, ſelon qu'on fera monter les puiſſances iuſques au quarré cube, cube-cube, quarré-quarré-cube, &c. de ſorte que ſi le multiplicateur eſt 2. il faut ſeulement quarrer les antecedens & les conſequens des raiſons ; ſil eſt 3. 4. 5. ou 6. &c. il faut les cuber, les quarrer-quarrer, les quarre-cuber, &c. Mais l'on ne paſſe guere ſouuent les cubes, parce que le reſte conſiſte pluſtoſt dans l'imagination que dans la nature, qui ſe contente des cubes. Surquoy l'on doit remarquer qu'il n'y a rien plus vtile dans toute la Geometrie que cette multiplication des raiſons, iointe à leur diuiſion, dont nous parlerons apres, comme il eſt aiſé de conclure par tout ce que nous auons dit de la viteſſe des poids qui deſcendent, laquelle eſt en raiſon doublée des temps, & par tout le traité des Cloches, des tuyaux, & des autres Inſtrumens : de ſorte que la connoiſſance des raiſons eſt entierement neceſſaire pour comprendre la plus grande partie de nos diſcours.

PROPOSITION XVI.

L'on diuise la raison donnée en prenant les costez de l'antecedent & du consequent du degré determiné par le diuiseur.

CEtte Proposition peut estre appellée inuerse de la precedente, parce qu'elle vse des racines, ou des costez des puissances, au lieu que celle-là vse des puissances. Or l'on appelle les racines *costez*, parce qu'elles produisent des figures en se multipliant elles mesmes, ou d'autres nombres. Ce que l'on comprendra aisément par l'exemple qui suit; si l'on veut diuiser la raison de 27. à 8. par 3. il est certain que 3. represente le troisiesme ordre, c'est à dire, le costé, ou la racine cubique, & par consequent qu'il faut prendre les 2. racines cubiques de 27. & 8. c'est à dire, 3. & 2. pour diuiser la raison de 27. à 8. laquelle est à la raison de 3. à 2. comme 3. à 1. parce qu'elle la contient trois fois, comme ie demonstre par ces nombres 27. 18. 12. 8. car la raison sesquialtere est entre 27. & 18. entre 18. & 12. & entre 12. & 8. de sorte que la raison de 27. à 8. est triplée de la raison de 27. à 18. ou de 3. à 2. comme celle de 8. à 27. est sous-triplée de celle de 2. à 3.

Or cette diuision des raisons est Geometrique, à cause de l'égalité des raisons qu'elle contient: mais l'Arithmetique a seulement égard à l'égalité de la distance de son terme du milieu, qui doit tousiours estre également éloigné des termes extremes, comme il arriue à la diuision Arithmetique de la raison double de l'octaue 2. 3. 4. où il est bon de remarquer que le produit de ce milieu est tousiours plus grand de l'vnité que le produit des extremes, comme il arriue que 3. fois 3. font 9. lequel surpasse le produit de 4. par 2. c'est à dire, 8. de l'vnité: au lieu que le produit ou le quarré du milieu Geometric est égal au rectangle, ou au produit des deux extremes.

Quant à la diuision Harmonique, elle est si peu considerable dans la vraye theorie de la Musique, qu'il n'est pas besoin d'ajoûter à ce que i'ay dit depuis la 34. Prop. du premier liure des Consonances iusques à la 40. dans la 6. du 3. liure des Dissonances; & dans la 3. page de la Preface du liure des Consonances. Et si l'on en veut voir vn discours plus long, on le trouuera dans le 5. liure Latin des Dissonances, depuis la 22. iusques à la 40. Proposition.

ADVERTISSEMENT.

CEux qui voudront entrer plus auant dans les raisons, afin d'vser de toutes les sortes de raisonnemens qui seruent aux Geometres, lors qu'ils comparent l'antecedent à l'antecedent, & le consequent au consequent, par la raison *alterne*; qu'ils prennent le consequent comme antecedent pour le comparer à l'antecedent comme s'il estoit le consequent, par la raison *inuerse:* qu'ils prennent l'antecedent auec le consequent comme vn seul terme, pour le comparer au mesme consequent, par la *composition* de raison: laquelle est *conuerse*, quand on prend l'antecedent & le consequent comme vn seul terme pour le comparer à l'antecedent; comme elle est *contraire*, lors que l'on prend l'antecedent pour le comparer à l'antecedent & consequent

De l'vtilité de l'Harmonie.

comme à vn seul terme; & *inuersement contraire*, lors qu'on prend le cósequent pour le comparer à l'antecedent & consequent, comme à vn seul terme: qu'ils prennent l'excez dont l'antecedent surpasse le consequent, pour le comparer au mesme consequent, par la *diuision de raison*; qu'ils prennent le consequent pour le comparer à l'excez, dont l'antecedent surpasse le consequent, par la *diuision de raison conuerse* : qu'ils comparent l'antecedent à l'excez, dont le consequent surpasse l'antecedent, par la *diuision de raison contraire*: ou qu'ils comparent l'excez dont le consequent surpasse l'antecedent, pour le comparer au mesme antecedent, par la *diuision de raison inuersement contraire*: & qu'ils comparent enfin l'antecedent à l'excez, dont l'antecedent surpasse le mesme consequent, par la *conuersion de raison*: ceux, dis-ie, qui veulent se seruir de toutes ces manieres Geometriques de raisonner, trouueront dequoy se contenter dans le 5. liure des Elemens, particulierement s'ils y ioignent les Commentaires de Monsieur Herigone excellent Geometre, & quant & quant son Algebre, & tout le reste de son cours des Mathematiques. L'on peut aussi lire le liure des Proportions de Hierosme de Hangest, lequel explique fort au long les proprietez de la *proportion, proportionalité*, ou *medieté* Arithmetique, Geometrique, & Harmonique.

PROPOSITION XVII.

Expliquer les operations precedentes des raisons, tant par les lignes que par les nombres.

LA maniere qui suit pour ajoûter & soustraire les raisons, a esté donnée par Monsieur de Beaugrand tres-subtil Geometre, dans la 12. Prop. de sa Geostatique, laquelle i'ajoûte aux Prop. precedentes, afin qu'on voye la demonstration de toutes les operations que i'ay expliquées. Soient donc les deux raisons de la ligne droite A B à la ligne BC, & de la ligne C D à D E; dont il y en ait du moins vne d'inegalité, par exemple celle de CD à DE, ie dis premierement que l'on composera les raisons d'AB à BC, & de CD à DE, en cette façon.

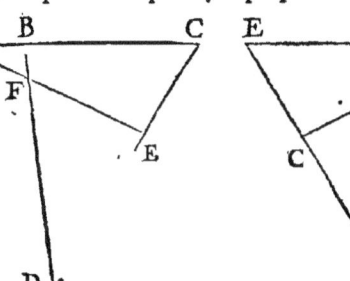

Que la ligne AC s'encline comme l'on voudra au point C auec la ligne CD, & soient iointes A E, BD en se coupant au point F, la raison d'AF à FE, contiendra les raisons d'A B à BC, & de CD à DE.

En second lieu, si l'on prend les raisons d'A F à FE, & de CD à DE, comme cy-deuant, on soustraira la raison de CD à DE de celle d'AF, à FE en cette maniere.

Que la ligne AE s'encline comme l'on voudra auec la ligne ED au point E, & que l'on descriue DF, AC se rencontrant au point B, il est certain par la 2. Prop. du mesme liure, que la raison d'AF à FE est composée de celle d'A B à BC, & de celle de CD à DE. Donc si l'on oste d'vn costé & d'autre la raison de CD à DE, il restera celle d'A B à BC égale à l'excez, dont la raison d'A F à FE surpasse celle d'A B à BC. Ce que l'on peut encore demonstrer par l'Arithmetique en cette façon.

Que les raisons données soient celles d'A à B, & de C à D, lesquelles on

  A. 4 B. 5 C. 8 D. 10 | composera en cette façon ; C
   E. 32 F. 40 G 50. | estant multiplié par A & D par

B, l'on aura les produits E, G ; Or ie dis que la raison d'E à G est composée des raisons A à B, & de C à D. C soit multiplié par B, & que le produit soit F. Puisque C multipliant A & B, a produit E & F, & que la proportion n'est point changée par le multipliant, A sera à B comme E à F. Semblablement, puis que B multipliant C, D a produit F, G, comme C est à D, ainsi F à G. Mais par la 20. defin. du 5. la raison d'E à G est composée de celle d'E à F, & de celle de F à G, donc la raison d'E à G sera aussi composée des raisons d'A à B & de C à D. Si l'on veut oster la raison d'A à B, de celle de C à D, C soit multiplié par B, & D par A, pour auoir les produits F, G, ie dis que la

  A 4. B 5. C 8. D. 13. | raison de F à G demeurera, apres
   E 32. F 40. G 52. | auoir osté la raison d'A à B, de la

raison de C à D. Que C soit multiplié par A, le produit soit E. Et parce que A multipliant C & D, a produit E & G, & que la proportion n'est point changée par le commun multipliant, C sera à D comme E à G ; or la raison d'E à G est composée de celles d'E à F, & de F à G : donc la raison de C à D sera aussi composée des raisons d'E à F, & de F à G. Or C multipliant A & B, a produit E & F, partant il y a mesme raison d'E à F que d'A à B, & par consequent la raison de C à D est composée de celle d'A à B, & de celle de F à G; donc la raison de F à G sera le reste de celle de C à D, la raison d'A à B en ayant esté soustraite. Et parce que la multiplication est l'addition de quantitez égales, & que la diuision restituë par l'analyse ce que la multiplication fait par la synthese, cette Proposition suffit pour tout ce qui concerne l'Addition, la Soustraction, la Multiplication, & la Diuision des raisons, dont la pratique se void dans la Prop. qui suit, dans laquelle la principale Prop. du susdit liure de la Geostatique est examinée.

ADVERTISSEMENT.

SI l'on veut sçauoir la maniere de trouuer 2. ou plusieurs nombres milieux proportionnels, par exemple, 5. 6. 7. &c. entre deux autres nombres donnez, pour diuiser leur raison en tant de raisons égales qu'on voudra, outre ce que l'on en peut conclure du 5. 7. 8. & 9. liure des Elemens, l'on en trouuera la methode dans le 21. chapitre de l'Algebre de Clauius; & si l'on veut comprendre tout ce qu'il a dans ses 32. chapitres auec le 10. d'Euclide, & le Dipahante, l'on aura plus de connoissance des nombres, & de tout ce qui appartient à leurs raisons & analogies, qu'il n'en faut pour la Musique, ou pour l'vsage de la vie presente.

PROP.

De l'vtilité de l'Harmonie.

PROPOSITION XVIII.

Si les corps pesans deuiennent d'autant plus legers qu'ils sont plus proches du centre de la terre, rechercher quelle en est la raison.

SI vn corps pesant, par exemple, vne bale de plomb d'vne liure, deuient d'autant plus legere qu'elle s'approche dauantage du centre de la terre, & si elle ne pese plus rien lors qu'elle se ioint audit centre, comme conclud Monsieur de Beaugrand dans sa Geostatique, où il tient que la pesanteur de chaque corps se diminuë en mesme raison qu'il s'approche dauantage du centre de la terre, & que mesme toute la terre ne pese point, l'on peut s'imaginer qu'il est fort aisé de la transporter dans vn autre lieu auec peu de force, & que les grandes machines d'Archimede ne sont pas necessaires pour ce sujet. L'on pourroit encore, ce semble, inferer que les poids qui tombent vers le centre, n'augmenteroient pas tousiours leur vitesse iusques au centre, en mesme proportion qu'ils l'augmentent en tombant de 147. pieds de haut, comme nous auons dit dans le 2. liure des Mouuemens, & ailleurs: & qu'ils allentiroient leur mouuement iusques à leur repos dans le centre de la terre, par delà lequel ils ne passeroient pas; si nous n'auions vn exemple au contraire des bales attachées à vn filet, lesquelles passent souuent par delà leur centre ou leur ligne de direction, auant que de s'y reposer, comme i'ay dit dans le mesme liure: quoy que l'on puisse dire que ce centre n'est pas semblable à celuy de la terre, & que la bale ne s'y repose que par force, ne pouuant tomber suiuant son inclination naturelle. Or si les pesanteurs se diminuënt selon la raison precedente, l'on peut dire que cette diminution se fait à cause de l'attraction de toutes les parties de la terre, laquelle a deux hemispheres, dont l'vn tire d'vn costé, & l'autre de l'autre: par exemple, soit le diametre de la terre A C, & le centre B: & que lors que le poids A est en A, il soit attiré de toute la terre AC, quand il sera descendu en B, il sera également attiré des deux costez par les deux hemispheres B A, & B C, & par consequent il ne pourra aller d'vn costé ny d'autre. Quoy qu'il en soit, il semble qu'il n'est pas dans la puissance des hommes de demonstrer si la terre est si facile à mouuoir & à transporter en tel endroit de l'air que l'on voudra, qu'il ne faut qu'à vaincre la resistance de l'air qui l'enuironne, ou si elle est si ferme & si stable dans le lieu que Dieu luy a donné, qu'elle n'en puisse estre ébranlée par nulle force creée. Or puis que Monsieur Fermat Conseiller au Parlement de Tholose, & tres-excellent Geometre, m'a donné le raisonnement qu'il a fait sur les differentes pesanteurs des poids, suiuant qu'ils approchent dauantage du centre, & que si cette position est veritable, l'on puisse donner vn lieu dans l'air, auquel le poids d'vne liure ne pesera qu'vn grain, comme il arriuera lors qu'il y aura mesme raison des deux distances du centre d'auec le poids, que d'vn à 9216. car il y a autant de grains dans vne liure; & par consequent le poids qui pese vne liure sur la terre ne peseroit qu'vn grain, s'il n'estoit éloigné que de 310. toises du centre de la terre; & si le poids n'en estoit éloigné que d'vne toise, il ne peseroit que la 310. partie d'vn grain; ie veux faire part au public de ses pensées sur ce sujet.

A
|
B
|
C

F

De l'vtilité de l'Harmonie.

Soit donc le centre de la terre dans la ligne droite AC, au point B, le demi diametre BA ; & BC soit vne portion de l'autre demi diametre. Et que le poids attaché au point C, soit au poids attaché au point A, comme AB à BC, ie dis que les poids A, C feront en equilibre. Cecy estant posé, il en déduit la conclusion precedente, à sçauoir que la pesanteur d'vn corps est d'autant moindre, qu'il s'approche dauantage du centre de la terre ; d'où il s'ensuit que ce qui pese vne liure dans le grenier, est plus leger dans la caue, quoy qu'il semble impossible d'en faire l'experience, encor que lon eust vne tour haute de cent toises, parce que le poids d'vne liure ne seroit plus leger que de $\frac{1}{28,2\frac{1}{2}}$ au bas de la tour, c'est à dire, que d'vn grain & demi ou enuiron. Car bien qu'on eust des balances assez iustes pour trebucher auec vn grain & demi ajoûtez, ou ostez, neantmoins l'on pourroit tousiours se deffier de cette iustesse : quoy qu'il en soit, ie mets icy le raisonnement entier de Monsieur Fermat.

Soit donc mis le poids entre A & B au point N, & comme A est à BN, ainsi soit le poids N, à la puissance R. ie dis que le poids N, ioint à BA par la ligne bA, est detenu par la puissance R mise au point A, & que si l'on augmente tant soit peu la puissance R, elle l'enleuera ; par consequent il faut vne puissance d'autant moindre pour l'enleuer, qu'il approche dauantage du centre de la terre.

Ce qu'il demonstre en cette façon : que C soit le centre de la terre, le demi-diametre CA, auquel soit pris le point B, dans lequel le poids attaché soit à la puissance R, comme AC à CB ; ie dis que le poids B est soustenu par la puissance R mise en A, laquelle l'enleuera, pour peu qu'on l'augmente. Car soit prolongé AC iusques à D, & que CD soit égal à CB, & que l'on mette vn poids en D égal au poids B, C sera le centre de pesanteur du corps composé des deux poids B & D, c'est pourquoy si du point A l'on oste la puissance R, les poids B & D demeureront en equilibre, puis que la ligne BA ne pese point. Et si l'on met le poids en A qui tende en bas, égal à la puissance R, qui tend en haut, l'on fait la mesme chose que si du point A l'on ostoit la puissance R, puis que le poids abbaisse autant comme la puissance enleue.

Que ce poids soit donc mis en A, donc le corps composé de la puissance R posée en A, & tendant en haut, du poids A tendant en bas, & des poids B & D demeurera en equilibre. Or puis que le poids D est égal au poids B, & que la ligne CD est égale à la ligne CB, AC est à CB comme AC à CD, & comme le poids B est à la puissance R mise en A, ainsi le poids D au poids mis en A qui tend en bas, (lequel on suppose égal à la puissance R.) Or comme AC est à CB, ainsi le poids B à la puissance R posée en A, donc comme AC à CD, ainsi le poids D au poids mis en A. Et par consequent le poids mis en A sera en equilibre auec le poids D, puis que les distances sont en proportion reciproque des poids. Mais si l'on oste des poids qui sont equilibres d'autres poids qui sont aussi en equilibre, ceux qui resteront demeureront encore en equilibre, donc si de l'equilibre fait de la puissance R, mise en A, & tendant en haut, du poids mis en A, tendant en bas, & des poids B & D, l'on oste l'equilibre fait des poids A & D, les poids qui resteront demeureront en equilibre.

Soient donc ostez les poids A & D, la puissance R mise en A, & le poids B

De l'vtilité de l'Harmonie.

demeureront en equilibre, & partant pour peu que l'on augmente la puissance R, elle enleuera le poids B : ce qu'il falloit demonstrer.

En effet, si l'on considere les poids attachez à vn fleau de balance, dont le centre de la terre soit l'appuy, la demonstration semble conuaincre : mais parce que deux corps pesans qui ne sont ioints par aucun fleau, & qui ne dépendent nullement l'vn de l'autre, ne font pas vn seul corps, ou vne seule masse, dont on puisse prendre le centre de pesanteur, ie ne voy pas la force de cette demonstration, parce que si l'on s'imagine deux corps pesans dans l'air, qui ne tiennent à rien, par exemple les corps A & B, A •
ie ne voy pas qu'ils doiuent estre considerez comme s'ils estoient conjoints & vnis ensemble par le moyen de quelque ligne, qui aille B •
depuis A iusques au centre de la terre C : de sorte qu'il semble qu'il n'y ait rien qui empesche que le poids B ne pese autant en B, ou dans C •
vn autre point pris entre B & C, comme il pese en A, quoy que i'espere que celuy qui en a le premier auancé la proposition, nous donnera telle satisfaction sur ce sujet, que l'on n'y trouuera plus de difficulté, comme il promet dans sa Geostatique. Ceux qui considerent vn centre particulier de pesanteur dans chaque partie d'vn corps proposé, & qui donnent vne inclination particuliere à chaque point dudit corps pour descendre au centre des corps pesans (que l'on suppose estre le mesme que celuy de la terre) prouuent par vne autre voye, qui me semble meilleure, que les poids deuiennent plus legers, ou pesent moins en s'approchant dudit centre, mais non en mesme proportion qu'ils s'en approchent : par exemple, si vn poids estoit éleué depuis la surface de la terre iusques à la Lune, il peseroit dauantage, mais ce ne seroit pas d'vn quart ; au lieu que dans l'autre opinion il peseroit 60. fois dauantage, si la Lune est éloignée de nous 60. fois autant qu'il y a d'icy au centre de la terre. Mais parce que l'autre differente pesanteur vient des angles differents faits par chaque point du corps proposé, (à raison de la ligne droite, par laquelle il veut descendre au centre de la terre) auec la ligne qui trauerse le centre de pesanteur dudit corps, ou qui luy est parallele, il s'ensuit que si le poids est consideré comme vn point, c'est à dire, que si l'on considere vn point qui ait de la pesanteur, il aura tousiours la mesme pesanteur pres ou loin du centre de la terre ; ce qui n'arriue pas dans l'autre opinion, dans laquelle ce point deuient plus leger en mesme raison qu'il s'approche du centre, comme fait le corps pesant. Or l'on peut entendre la force de la raison, qui donne des puissances inégales à chaque point d'vn poids proposé pour descendre au centre de la terre, par ce qui a esté demonstré dans le traité des Mechaniques, qui est à la fin du 3. liure des Mouuemens.

I'ajoûte seulemét que le poids attaché & suspédu au bout d'vn filet, n'ayant besoin d'aucune force pour estre soustenu dans sa ligne de direction, outre ledit filet qui le soustient, & pesant tousiours d'autant plus qu'il est plus éloigné de cette ligne, semble conclure que chaque poids ne doit plus rien peser au centre des choses pesantes, & qu'il est d'autant plus pesant qu'il s'en éloigne dauantage. Quoy qu'il en soit, les Predicateurs peuuent tirer des moralitez de l'vne & l'autre opinion, car si les poids s'appesantissent à proportion qu'ils approchent de leur centre, comme nous voyons en effet qu'ils hastent leur course, ils s'en seruiront pour monstrer que l'ame se porte d'autant plus ardemment à Dieu, qu'ils le connoiſſent & l'aiment dauantage; & ſ'ils deuiennent plus legers, ils diront que l'ame eſt d'autant plus dégagée de la matiere, & de ce qui l'empeſche icy, qu'elle s'approche dauantage de Dieu, &c.

Fautes de l'impreßion, & pluſieurs Auis pour les mouuemens & portées du Canon.

DAns la 1. Preface generale, page 14. liſez *deuance*. p. 4. le 1. nombre de la 1. colomne doit eſtre 71. p. 5. l. 8. *noms* pour *nations*. p. 6. les ſeconds nombres doiuent eſtre vis à vis de l'entredeux des premiers comme eſt 56. p. 9. l. 15. *chorde*, l. 25. apres *que* ajoûtez *de*. l. derniere, *ſimple*. p. 10. l. 2. & ailleurs *Racquet*. l. 7. *Organiſte*. l. 27. *traitez*. l. 31. *Couruille*. l. 43. *Oeagre*. p. 11. l. 37. *relations*.

Au liure de l'Orgue. p. 370. l. 8. pour *deux pieds* liſ. *demi pied*. l. 27. & 29. pour *ouuerts* liſ. *bouchez*. p. 371. l. 25. ajoûtez & *en G, re, de 4. poulces*.

Au liure des Inſtrumens de percuſſion. p. 1. l. 17. *trompes*. p. 2. l. 24. *Arioſte*. p. 3. l. 13. *vſoient*. p. 11. au 1. nombre de la 3. colom. ajoûtez 4. apres 3. p. 16. l. 16. oſtez la dieſe d'entre VT & RE'. p. 17. accommodez les nombres au diſcours. p. 20. 4. ligne pres de la fin *dans* pour *de*. p. 24. l. 30. *regule*. p. 25. l. 14. ſur ⅕. p. 28. l. 35. *la cloche* pour *celle*. p. 63. l. 5. pres de la fin *Perron*. p. 65. l. 5. pres de la fin *Monteuerde*. p. 73. 5. ligne pres de la fin *ajoûtez*. p. 76. lig. dern. *faute*. p. 79. l. 22. *analyſe*. l. 26. *euidemment*.

Au liure de l'vtilité de l'Harmonie; p. 28. &c. liſez ainſi: *que le quarré de la moitié de la ligne S I produite iuſques à ladite ordonnée, comme le coſté droit de la meſme hyperbole, lequel n'eſt pas marqué dans cette figure, au coſté trauerſant I S. Or Apollonius monſtre la meſme proprieté dans l'Ellipſe & dans le Cercle*. p. 37. l. 11. *nuances*. p. 42. 4. ligne pres de la fin, *eſt* pour *ne ſoit*. p. 60. l. 3. vers la fin. *Diophante*. Quant au 3. Aduertiſſement de la 42. p. il le faut mettre apres la 8. Prop. Ie prie le Lecteur de corriger les autres fautes qu'il pourra rencontrer.

Il faut maintenant remarquer pluſieurs choſes touchant les portées & la force du Canon, & des autres armes à feu, & premierement qu'outre ce que i'ay dit de la grande portée morte de 45. degrez d'eleuation, à ſçauoir qu'elle eſt decuple de celle de blanc en blanc, ou à niueau, comme Michel Coignet aſſeure dans ſon traité du Canon, le ſieur Gallé m'a aſſeuré qu'elle eſt ſouuent duodecuple, de ſorte que la portée de niueau d'vne arquebuſe eſtant de cent toiſes, celle de 45. degrez doit eſtre de 1200. toiſes; ce que ie n'ay pas trouué, comme i'ay dit dans le 3. Aduertiſſement de la 7. Prop. ſoit que ces petites bales ne gardent pas la meſme proportion que celle du Canon, à raiſon des differentes reſiſtences de l'air à l'égard des differents volumes des bales, ou que leurs obſeruations ayent eſté mieux faites que les miennes.

En ſecond lieu, il ſemble que la table des differentes portées du Canon de la 6. Prop. ſoit fort eſtrange, particulierement lors que la portée morte de niueau eſt miſe de 653. pas, c'eſt à dire, plus que double de celle de blanc en blanc, laquelle eſt ſuppoſée de 280. de ſorte qu'elle le contient deux fois, & de plus cent pas: mais il ne dit pas de quelle hauteur la piece eſt tirée, ce

De l'vtilité de l'Harmonie. 65

qu'il est necessaire d'obseruer : le sieur Gallé dit qu'estant tirée de 6. pieds de hauteur, sa portée morte est double de celle de blanc en blanc à peu pres. Il faudroit obseruer de combien elle deuient plus grande à proportion que l'on tire de plus haut, par exemple, de 2. 4. 8. 20. toises, &c. puis que l'on tient que cette portée est plus grande, à mesure que l'éleuation de la piece est plus grande. Or si la portée morte est double de celle de blanc en blanc, elle doit du moins employer deux fois autant de temps qu'elle, c'est à dire trois secondes minutes : ce qui ne semble pas arriuer sur les estangs, sur lesquels on tire à niueau, & qui sont plus propres à cela que les riuieres qui panchent du costé qu'elles coulent, ce qui empesche que leur eau soit horizontale, car encore qu'on les puisse niueler pour en soustraire la pente, neantmoins il vaut mieux se seruir des estangs qui prennent leur niueau d'eux mesmes.

Troisiesmement, il semble encore que la portée de point en blanc deuroit estre égale à toute sorte d'éleuation sur le quart de cercle, puis que c'est le mesme air que la bale doit penetrer, & la mesme force de la poudre, & toutefois cette portée est d'autant plus longue, que l'on tire à vn plus grand angle sur l'horison : car si les Auteurs susdits ont bien obserué, la portée de point en blanc de 45. degrez est de 1160. pas, c'est à dire, quatre fois plus longue que la portée horizontale de point en blanc, & 40. pas de plus, comme l'on void à la table de la 39. page de ce liure : & le sieur Gallé dit qu'elle est à peu pres 4. fois & demie plus longue ; & si l'on tire à 46. 47. 48. degrez, &c. iusques au 90. qui donne l'éleuation perpendiculaire à l'horizon, cette portée deuient tousiours plus longue, iusques à ce que la perpendiculaire n'aye autre chose que son trait droit, supposé qu'il n'y ait point de vent qui face decliner la bale : de sorte que l'on peut dire que cette portée perpendiculaire est quasi égale à la portée morte de 45. degrez ; ce qui respond aux obseruations du 3. Aduertissement de la 7. Prop. Or si cette portée morte de 45. est de 2800. pas, c'est à dire, decuple de l'horizontale à niueau, ou vn peu plus que quadruple de la morte à niueau, suiuant la table precedente, il s'ensuit que le chemin, ou la soustenduë de la courbure de la portée de 45. degrez, est de 1640. pas, c'est à dire, qu'elle surpasse le trait droit de la portée de 45. de pres de 500. pas.

Il est aisé de supputer en combien de temps la bale monte ou descend, lors qu'on suppose la longueur de sa portée perpendiculaire, comme i'ay dit dans la 6. Prop. ce que ie monstre encore icy en vsant des obseruations de la table qui y est. Soit donc la portée perpendiculaire égale à la morte du 6. point, comme ie suppose maintenant, quoy qu'il en soit en effet & en verité, laquelle on trouuera en faisant les experiences necessaires pour ce sujet : la bale montera donc 2800. pas, lesquels nous prendrons icy pour toises, quoy que chaque pas soit beaucoup plus court que nostre toise, si Coignet a composé son pas Geometric de 5. pieds du pays bas, puis que ce pied est plus court que le nostre d'vne 6. partie ou enuiró ; & s'il s'est seruy du pied Romain, il est du moins plus court que le nostre d'vne onziesme partie ; ioint que nostre toise est composée de six de nos pieds. C'est pourquoy ie diminuë vn peu le nombre de ces toises, en supposant cette portée perpendiculaire de 2392. toises : & dis que la bale emploira 36. secondes minutes à monter, & autant à descendre, puis que les corps pesans qui descendent de 2392. toises employent 36. secondes, suiuant nos obseruations expliquées

F iij

dans la premiere Prop. du 2. liure des Mouuemens. Or le boulet de 41. liures du Canon Imperial doit eftre auffi long temps à monter, & femblablement à defcendre, fi fon trait perpendiculaire eft de 2392. toifes.

Quatriefmement, i'explique icy la maniere la plus aifée de toutes celles qui nous font poffibles, pour trouuer combien chaque bale, fleche, ou autre miffile monte en haut perpendiculairement, laquelle confifte feulemét à tenir noftre horloge à feconde, ou telle autre qu'on voudra dans la main, & à conter le nombre de fes tours, dont la moitié eftant quarrée donne le nombre des toifes, ou des pieds que le miffile a fait en montant ou en defcendant : par exemple, fi l'on trouue 30. fecondes minutes ou tours d'horloge depuis la fortie de la bale iufques à fa cheute, il en faut prendre 15. dont le quarré 225. enfeigne que la bale a defcendu de 225. mefures, dont chacune eft égale à la mefure, ou à l'efpace qu'elle fait dans le temps d'vne feconde minute, c'eft à dire, à 2. toifes, ou à 12. pieds, car la bale de plomb ou de fer tombant feulement de 12. pieds de haut, employe vne feconde dans cette cheute, comme i'ay defia remarqué dans ledit liure des Mouuemens. D'où il f'enfuit que les 225. mefures precedentes faites par la defcente de la bale en 15. fecondes, doiuent eftre doublées ou multipliées par 2. fi l'on veut auoir le chemin de fa cheute en toifes, ou par 12. fi on la defire en pieds.

En 5. lieu, parce que l'on peut douter s'il refte quelque partie de l'impreffion violente qui a precedé dans la bale qui defcend, & fi cette partie retarde fa cheute naturelle, & de combien ; & de plus, fi elle garde toufiours la mefme proportion dont nous auons parlé, en augmentant fa viteffe en raifon doublee des temps, il feroit à propos d'éprouuer cecy par le moyen de quelques montagnes fort hautes, ou des foffes à houïlle & à charbon, car fi la bale ou la fleche retombe auffi vifte apres auoir efté tirée, comme elle tombe lors qu'on la laiffe fimplement cheoir auec la main, l'impreffion violente n'y change rien : & fi elle defcend defdites 225. mefures dans 15. fecondes, fa viteffe f'augmente toufiours fuiuant la proportion que nous auons obferuée iufques à 147. pieds de haut. Or la grande viteffe de la bale qui defcend eft caufe qu'elle a de grands effets, car le fieur Gallé m'a dit que les bales de moufquet percent des plaques de cuiure de l'efpeffeur de deux lignes, ou d'vne fixiefme partie de pied de Roy, lors qu'elles retombent apres auoir efté tirées perpendiculairement, ce que nous pouuons examiner en cette façon : Il eft certain que fi la bale de moufquet employe 30. fecondes à monter & à defcendre, qu'elle en emploira 15. à defcendre, & qu'elle montera 450. toifes en haut, par confequent elle fera 29. toifes & demie dans la derniere feconde minute de fa cheute, comme l'on void à la table de la 101. page du liure des Mouuemens. Mais parce que cette montée ne feroit pas quintuple de la portée horizontale de blanc en blanc, comme monftrent nos obferuations qui ne tefmoignét pas qu'elle foit plus que triple, ou tout au plus quadruple, ie la mets plus grande, en faueur de ce que difent les autres qui ont traité du Canon, & pour ce fujet ie fuppofe que la bale monte perpendiculairement 1152. toifes, afin que ce traict foit quafi decuple de la portée à niueau de blanc en blanc du moufquet, que l'on tient eftre de 120. toifes ; d'où il f'enfuit qu'elle employra 48. fecondes depuis fa fortie de la bouche iufques à fa cheute, & qu'en en prenant la moitié, c'eft à dire, 24. pour le temps de fa cheute, elle fera 94. toifes dans la derniere feconde de fa cheute, c'eft à dire, qu'elle

De l'vtilité de l'Harmonie. 67

tombera quasi de 3. fois aussi haut que les tours de Nostre-Dame de Paris dans le temps que le poux ou l'artere bat vne fois: d'où il est aisé de conclure qu'elle ira aussi viste qu'à la sortie du mousquet, quoy que cela semble prodigieux. Mais si elle ne monte que 450. toises, suiuant le premier exemple, elle ira trois ou quatre fois plus lentement qu'à la sortie de l'arquebuse. Ceux qui desirent auoir le plaisir de ces obseruations, les doiuent faire sur vne riuiere, ou sur vn estang fort large, autrement ils n'apperceuront pas tomber les bales, à raison de leur écart. Mais il seroit à propos d'experimenter contre quelque haute montagne bien droite le temps qu'employe la bale à sa portée de blanc en blanc de 45. degrez, & supposé qu'elle soit quadruple de la portée à niueau, par exemple de 400. toises, & que celle de niueau dure vne seconde, si elle en dure 4. ou si elle diminuëra sa vitesse en mesme raison qu'elle l'augmente en retombant.

En 6. lieu, si l'on fait reflexion sur toutes sortes de mouuemens qui se font sur les plans inclinez à l'orison, soit en ligne droite ou courbe, soit que les poids roulent sans estre attachez, ou qu'ils soient soustenus par vne chorde, l'on trouuera tousiours que leur recheutes au retour naturel se fait dans vn temps égal à celuy de leur mouuement violent, ce qui suffisoit pour faire conclure la mesme chose du perpendiculaire. D'où l'on peut conclure qu'il y a certain equilibre dans toute la nature que l'on ne sçauroit oster, quelque force & industrie que l'on y puisse apporter, comme l'on experimente dans l'equilibre de Siphon, & dans toutes sortes de forces mouuantes qui ne permettent pas que l'on augmente la force, si quant & quant l'on n'augmente le temps. Ce que l'on tient aussi pour vn axiome ou vne maxime dans la vie spirituelle des Chrestiens, qui s'approchent d'autant plus de Dieu qu'ils s'éloignent dauantage des creatures; ce qui a peut estre causé en partie qu'vn excellent homme de nostre temps a mis nostre liberté dans le dégagement de toutes sortes de creatures, croyant que nous ne sommes iamais plus libres que lors que nous nous portons à la derniere fin, sans aucune reflexion ou regard sur les creatures.

En 7. lieu, il est à propos de remarquer la force & les effets des bales du Canon de batterie, afin de les comparer auec ceux qu'il a lors qu'il retombe perpendiculairement. Or les épreuues qui ont esté faites en presence du Comte Buquoy, monstrent que ces bales entrent 17. ou 18. pieds dans les ouurages nouuellement faits de terre & de fascines; & le sieur Gallé asseure qu'il perce de 18. à 22. pieds la terre nouuellement remuëe, ou le sable reposé: en terre ferme rassise & grasse, de 10. à 14. pieds: en argille battuë & serrée, de 9. à 12: en terre à potier seiche, & affermie, de 7. à 10. dans les murailles de brique moyennement cuite, ou de tuffe, pierre ponce, &c. de 4. à 6. pieds; & dans celles de pierre dure, comme de marbre, de grez, & d'autres pierres qui tiennent du caillou, de 2. à quatre pieds, lors que l'on tire la 1. espece de Canon de 800. à 1200. pieds, qui reuiennent à 150. ou 200. de nos toises ou enuiron. Pour les bales de laine, il en perce 3. Ie laisse plusieurs autres choses qui concernent les Canons, dont on peut faire vne philosophie particuliere, par exemple, de combien ils tirent plus loin sur la terre que sur la mer, estant liez & arrestez, que faisant leur recul, &c. car quant aux 8. coups qu'il peut tirer par heure, aux frais de la poudre, & des officiers qui le gouuernent, aux distances des batteries, & à tout ce qui concerne la Milice, plusieurs en ont fait des traitez entiers.

Or auant que de finir ces aduertissemens, ie veux ajoûter les obseruations de Monsieur Gallé excellent Ingenieur, & Mathematicien, parce qu'il y a apporté plus de soin que nul autre que ie sçache. Ayant donc vsé d'vn perrier ou mortier, qui portoit huict liures de bales de fer, & dont la chambre contenoit six onces de poudre de mousquet, il trouua l'an 1622. en presence du sieur Mortagne General du Canon, que sa portée morte de niueau estoit de 529. pieds, dont chacun reuient à 10. lignes & demie ou enuiron de nostre pied de Roy, & ayant tiré douze autres coups depuis le 5. degré iusques au 45. il a remarqué que les portées mortes suiuirent les nombres de cette table.

Portées mortes.	
Degrez.	Pieds.
5.	960.
10.	1340.
15.	1669.
20.	1949.
25.	2178.
30.	2359.
35.	2490.
40.	2569½.
45.	2600.
50.	2570.
55.	2491.
60.	2361.

Ayant ajusté la mesme piece à 85. degrez, il trouua sa portée de 952. pieds. Quant aux autres degrez, puis qu'il ne les a pas essayez, ie ne mets pas la table proportionnelle qu'il a faite depuis vn degré iusques au 90 laquelle ie feray voir à ceux qui la desireront.

Il a encore fait vn autre essay d'vn quart de Canon, lequel merite d'estre consideré; car l'ayant éleué de 5 pieds de haut sur l'orizon, comme le mortier precedent, il a trouué le long du Rhin, que sa portée morte de niueau, en empeschant sa reculée, estoit de 3368. pieds, & sa plus grande de 45. degrez, de 16850. c'est à dire, cinq fois plus grande ou enuiron: que la mesme piece tirant de niueau auec reculée, a sa portée de 2803. pieds, c'est à dire, enuiron la sixiesme partie de la plus grande portée, de sorte que la portée à niueau sans recul est plus grande d'vne sixiesme partie qu'auec recul.

Il a encore obserué que la portée de point en blanc du mousquet est à sa portée morte comme 4. à 7. & partant que la portée de niueau de point en blanc de la mesme piece, auec reculée, est de 1605. car 7. est à 4. comme 2803. à 1602. & sans reculée, qu'elle doit estre par raison de 1925. pieds: de sorte que la portée de point en blanc auec reculée est à la morte de 45. sans reculée, comme 1. à 10⅓. & la portée de point en blanc sans reculée à la morte de 45. sans reculée, comme 1 à 8¾. La mesme piece tirant auec reculée à 45. degrez porte 15883. pieds, tellement que la portée morte de niueau auec reculée est à la morte de 45. auec reculée comme 1. à 5⅓. & la portée de point en blanc auec reculée, à la plus grande portée auec reculée, comme 1. à 9⅘.

Lors que i'auray fait les obseruations necessaires pour regler plus particulierement tout ce qui appartient à ce sujet, i'en feray part à ceux qui les desireront.

FIN.

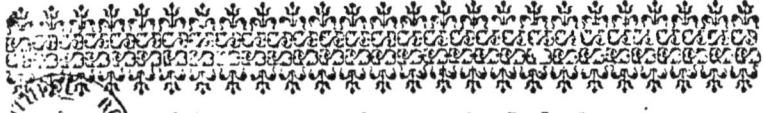

Table des XIX. liures de Musique.

J'AVOIS resolu dans la premiere Preface generale de ne faire point de table de ces liures, à raison des differens commencemens que les Imprimeurs ont esté contraints de marquer en recommençant plusieurs fois les mesmes nombres, signatures, & Alphabets, parce qu'ils n'auoient point de notes de Musique; mais l'vtilité qui reuient des Tables est si grande, comme m'ont persuadé quelques personnes sçauantes, que leur desir & conseil m'ont fait changer de resolution. Mais afin que ceste Table soit entenduë de tous, il faut remarquer que chaque lettre qui precede ou suit les nombres, signifie le liure dans lequel la matiere de la Table est contenuë : de sorte qu'A signifie les 3. liures des mouuemens. a. le traicté des Mechaniques mis à la fin. B. le liure de la voix, & celuy des Chants, C, les 6. liures des Consonances & de la Composition. D. les 6. premiers des instrumens. E, le 7. des instrumens de percussion, & F, le 8. de l'vtilité de l'harmonie : de sorte que toutes les matieres qu'on trouuera deuant ou apres l'vne de ces lettres, apres laquelle il n'en suiura point d'autre, appartiennent au liure marqué par ladite lettre : & s'il en suit vne autre, tout ce qui la precede luy appartient : par exemple lorsqu'on lista la lettre A. Aduis pour les miracles 227. D. pour la Prosodie & la Metrique. 431. C. la lettre D. signifie que le premier aduis pour les miracles, est dans les liures des instrumens, à la page 227. & que l'aduis pour la Prosodie est dans les liures des Consonances, page 431. & ainsi des autres ; ce qu'il a fallu marquer vne fois pour tousiours, afin que l'on n'y ayt point de difficulté.

A. Signifie les 3. liures des mouuemens.
a. Le traité des mechaniques.
B. Les 2. l. de la voix & des chants.
C. Les 6. liures des consonances.
D. Les 6. liures des instrumens.
E. Le 7. liure des instr. de Percussion.
F. Le 8. liure de l'vtilité de l'harmonie.

Quant aux nombres du haut des pages, ils ont quelquefois esté mal cottez par mégarde, & particulierement depuis le nombre 290. du 5. liure de la Composition, car le nombre 191. qui suit, doit estre 291 : laquelle faute a esté continuée iusques à 212. qui doit estre 312. & parce qu'il a fallu ratteindre le 6. liure, l'on a esté contraint de ne mettre qu'vn nombre à chaque fueillet depuis 313. iusqu'au commencement dudit 6. liure. Mais ces fautes de nombres, aussi bien que celles des signatures, sont de peu de consequence, parce que la matiere & le sens suiuent tousiours comme il faut. Or auant que de lire ces liures, outre les fautes marquées à la fin ou au commencement des Traitez, il faut encore corriger celles-cy. Page 343. du 5. liure de la Composition, l. 39. lisez *mineure* pour *maieure*, & RE pour MI. l. 4. R. pour V. page verse de la 323. page l. 17. aprez *trouue*, lisez *dans*. p.324.l. 40. *Quant*. p.325. l. 23. *autres*. p.verse l. 21. effacez, *&*. p.328.l. 21. lisez *ligne*. p. 330.l. 19. *pierres* pour *pieces*. l. 23. *poussent*.

A

A, E, I, O, V, faites en riant, ce qu'elles signifient 63. B. faites par les tuyaux d'orgue. 381. D
Abregé du traité des mechaniques. 227. A. abregé de l'orgue. 407. D. des harmoniques de Ptolomée. 56
Accord du Luth en 3. manieres. 46. des violons. 185 des Violes. 193. de la Lyre. 106. & 216. des instrumens par l'allongement des chordes. 129. du Tuorbe. 88. du vieil & nouueau ton du Luth. 87. temperé des Organistes. 363. sans l'oreille. 367. de l'Orgue. 382
Accordoirs d'Orgue. 331
Accents plaintifs, & leurs caracteres. 80. D. des passions. 365. de Musique. 371. vsitez aux Predicateurs. 375. C
Aduis pour les miracles. 227. D. pour la Prosodie & la Metrique. 431. C

Agreement des consonances diuisées, & ses causes de 100. à 129. C
Airs embellis. 411. C
Aigu & graue, le moyen d'en iuger. 28. B. contient le graue. 100. A
Air de combien plus rare & leger que l'eau. 31. 67. A. 2. F
Air exterieur & interieur produit le son. 7. A plus rare le iour que la nuict. 31. de combien plus sec & humide par le moyen des chordes. 130. D. Air de Cour pour les fleutes d'Allemand. 235. Airs & leur perfection. 131. B. sa grandeur & ses significations. 89
Alchymie & ses principes. 156. D
Alphabet harmonique. 41. A
Allemandes sur le Luth. 87. 88. & 89. sur la Mandore. 44. page verse. sur la Guiterre 97. D

TABLE DES MATIERES.

sa definition. 164.B
Alphabet harmonique, 41.A
Alteration des chordes. 131.D
Anges comme ils peuuent parler. 54.B
Anagrammes & l'art d'en faire. 131.B
Antiphone ce que c'est. 43.B
Angle d'incidence comparé au sinus de l'Angle rompu. 65.A
de contingence & ses proprietez. 141
Analyse specieuse. 412.D
Anches,leurs parties,& leurs figures. 324.D.303
Apeaux. 375.D
Apotome Pythagorie. 117.C
Artere vocale. 7.B
Architectes enseignez pour ayder les voix. 25.B
Art d'apprendre à chanter sans maistre.46.B.imite & perfectionne la nature. 8.D. art de sonner la trompette.260.de iouer du flageollet. 235. du Luth depuis 76.iusques à 92. du Cornet à bouquin. 275
d'embellir les Airs. 353.C. des mouuemens rythmiques. 401
Arcs des chordes de Luth. 173.A
Archimede excellent. 24.C
Arithmetique diuision des consonances, & dissonances. 96.& 120.C
Aristoxene expliqué. 58.D
Archet de la viole & sa vitesse. 137.D
Astres tombez d'vn mesme lieu. 103.A
Assemblage des parties de l'epinette. 156.C
Aspects nouueaux des astres comparez aux consonances. 27.& 28 D
Atmosphere. 225.D
Auteurs de la Musique Metrique & Rythmique. 430.C
Axiomes Mechaniques cinq,depuis 1.iusqu'à 7.a.

B

BAÏF premier auteur des vers mesurez François. 432.C
Bales de canon,leur vitesse,leur portée,leur effet. 69.E
Baterie de la mesure. 324.C
Batemens du Tremblant.380.D. de l'air faits par la chorde. 141. comparez au rayon du Soleil. 138.C. batemens du Luth,font toute la Musique. 137
Batteries de la Guiterre. 96.C
Barres,& barrures du Luth.50.de l'epinette.161.D
Balance & ses proprietez. 2.3.& 4.a
Basse pourquoy fondement de l'harmonie. 207.C
Balancement deçà delà le centre de la terre.209.A
Benediction,ou Baptesme des cloches. 1.E
Benoist VIII. Pape. 254.C
Beauté de la Musique,& son origine. 205.C
Bilious.37.de dictions. 68.B
BI CI, NI ou Za. 7.note de Musique 192.C
Bemol & Bequarre expliquez. 191.C
Bombarde harmonique. 300.D
Boësset excellent compositeur d'Airs. 91.D
Bois de differentes especes distinguez par leurs sons & leurs pesanteurs. 280.A
Bouche des tuyaux d'orgue. 319.D
Bourdon d'orgue. 369.D
Boëmienne & Balet. 171.B
Branles à mener & autres excellents.405.C.& 169.B

Brachycatalectic & autres dictions de la poësie Greque. 390.C

C

Caracteres Samaritains, Armeniens, Arabes, &c. 251.C
Cartilages du larynx. 4.B
Cabinet d'orgue. 310.D
Cantiques, Benedicite en vers, 86. & 161.B. le Te Deum en vers. 100.D
Canarie & autres especes de chansons,& de branles. 170.A
Cardan corrigé. 124.A.& 11.a.
Castagnetes & leur baterie. 48.E
Cause de reflexion. 163.A. des retours de la chorde. 161
Cadences principales des modes. 181.C.
leur pratique. 215
Canons & fugues auec exemples. 219.C
Carillons faisans Musique. 42.E
Caracteres de tablature. 82.D. des Fredons & diminutions. 358.C
Calles de l'epinette. 157.D
Certitude de l'œil & de l'oüye comparée. 82.B
Cercles du son comparez à ceux de l'eau. 9.A
Centre du repos de la chorde. 165.A
Cent consonances & leurs raisons. 108.C
Cercle expliquant toute la Musique. 136.C
Chalumeaux de bled. 229.de Musette. 289.D
Chanter par toutes sortes de degrez sans maistre. 16.B
Chanson.sa definition. 90. en isson,en quoy differe de la parole. 91. à quel moment elle commence d'estre Chant.93.B.côposée par le Roy. 391.D
Chansons Canadoises & Ameriquaines. 148.C.
militaires. 246.264.D
Chants & regles pour en faire. 361.C. & depuis 97 iusques à 107.B
Chant donné quel rang il tient entre tous les possibles.136. fait de 9. notes. 129. le meilleur de tous les possibles. 103.B
Chassis du sommier. 313.D
Charles Quint iuge des Idiomes. 58.B
Chalemie. 283.D
Charmer,ce que c'est. 17.A
Chappes & tringles. 314.D
Cheutes des corps pesans examinées Arithmetiquement & Geometriquement.89.A.depuis les estoiles, le Soleil & la Lune,en quel temps. 91. perpendiculaire comparée à l'oblique. 109. circulaire des poids.131 cheute & sa vitesse 206.A
Cheuilles tirées des mechaniques. 222.C
Chifre tres-subtil pour les lettres secretes. 138.C
Chymie & ses principes. 198 & 201.A.154 E
Cinq axiomes mechaniques. 1.2.3 a
Cinq manieres de trouuer le milieu harmonic.92 & 3. autres dans la preface.
Cinq remarques pour l'orgue. 390.D
Cinq parties de l'homme. 117.& 169.C
Cinq especes du genre enharmonic. 75.D.& 5 de Diatonic. 73
Cinq choses fort considerables pour les Airs. 358.C
Cithares antiques, & Sistres. 173 D
Cistre,ses accords.97.diuision de son manche 99.
son exemple.

TABLE DES MATIERES.

Cinq aduertiſſemens pour la meſure. 401. C
Cinq tetrachordes des Grecs expliquez par notes. 174. C
Cinquante diſſonances & leurs raiſons. 109. C
Cinquante & huict Commas dans l'octaue. 126 C
Cinquieſme chorde neceſſaire aux violons. 183. D
Cylindres de differens metaux, leurs ſons, & leurs peſanteurs 176. A
Claquebois ou ſcaleta. 175 D
Climats differens, cauſes des differentes prononciations. 60. B
Cloches nageantes ſur l'eau 25. E. leurs noms, leur matiere, & leur grandeur. 1. 2 3. de toutes ſortes de metaux de 15 à 32. leurs ſons & leurs poids differens. leur diapaſon, leur figure, &c. dans tout le 7. liure des cloches.
Clauecin double. 111 & 156.
Clauiers d'epinette & d'orgue. 117. & depuis 351 iuſqu'à 357. D. & depuis 336. iuſqu'à 354
Clauiers de 27 & de 32. marches ſur octaue. 336
Cleron d'orgue. 370. D
Coin mechanique & ſa nature. 12. a
Combinations des 6. notes, vt, re, mi, fa, ſol, la au nombre de 720. & toute autre ſorte de combinations. 119. & dans tout le liure. 2. B. art de combiner. 107 leur vtilité. 41 A
Courante, & autres chanſons. 167. B 86. D
Couleurs comparées aux ſons. 100. B. 49. C
Conſones ſignifient naturellement. 74. dixneuf, & leur prononciation. 67. leur formation. 57 B
Corde tenduë, ſi elle eſt également tenduë en toutes ſes parties. 77. A
Cordes bonnes & mauuaiſes diſcernées. 51. D. leur matiere & leur façon. 3. & 5. leur force. 193. A. 41. D. & leur eſtenduë auant que de rompre: de differens metaux. 151. la diminution de leurs retours. 44. font 3. ou 4. ſons en meſme temps. 196. & 203. mobiles & immobiles. 175. C
Colombes meſſageres. 37. A
Conſideration notable du mouuement des cordes. 166. & 168. A
Concluſions ſubtiles. 226. A
Conſonances, s'il y en a 1. multipliées deuiennent diſſonances. 58. leur nombre. 83. C. comparées aux aſpects du Ciel. 28. & 29. C
Comma Pythagoric. 117. Comma mineur & maieur. 117. 127. & 163. il y en a 58. maieurs dans l'octaue. 126. D
Conſonances faites par les poids tombants. 135. C
Continuité du mouuement douteuſe. 74. A
Controuerſe des meilleurs inſtrumens. 11. D
Cordes en raiſon doublée du temps. 46. D. diuiſees tout d'vn coup en telles parties qu'on veut. 26. & 223
Coucou fait la Tierce mineure. 149. C
Conſonances trompeuſes. 149. A
Compoſitions de Duos, & à 3. 4. 5. & 6. parties. 278. 282. de ſimple Contrepoint. & 344. &c. à 7. & 8 ; 49. & 350. de Contrepoint figuré à deux. 283. & 395. 418. à quatre. 300. C. & pluſieurs autres dans le 2. 4. & 5. des inſtrumens. compoſitions auec les lettres de l'alphabet. 345. C
Conſtruction du Luth. 49. D. de l'epinette. 159. de l'orgue. 313. & 359
Conditions requiſes pour bien iouër du Luth. 76. D
Colachon d'Italie. 99. D

Cordes eleuant toutes ſortes de peſanteurs par le moyen du Soleil. 133. D
Concert Chanté à meſme ton par tout le monde. 147. D
Conſonances comparées aux Planettes, auſquelles chaque voix eſt appliquée. 9. B
Cornemuſe. 306. D
Cors de chaſſe. 245. D
Cornets à bouquin. 137. Art d'en ſonner. 175
Conſternation, Conquaternation. 373. D
Conſtruction des ſouffletz. 377. du Tremblant. 399. D
Conſonances expliquées geometriquement. 386. D
Crampons du Manichorde. 116. D
Cris des paſſions des animaux, & de la poule. 51. B
Cromohorne. 370. D
Cymbales. 48. E

D

Dances les plus belles de toutes les poſſibles. 158. leurs definitions, & origines. 165. B
Demonſtration des plans inclinez, & des puiſſances depuis 13. iuſques à la fin. a
Deſcription des ſections Coniques. 39. B. 60. A. & 28. 32. F.
Definition des Airs. 92. B
Degrez conioints & diſioints comparez. 27. B
Dechifrement ſubtil. 142. B
Denſité de l'air & de l'eau. 67. & 217. A. & 2. a
Deſcription d'vn plan égal. 115. & 119. A
Demi-tós neceſſaires en la parfaicte muſique. 116. C. comparez aux commas. 125
Demi-ton maxime, maieur, mineur, &c. 116
Demi-tons inegaux comparez aux égaux. 131. C
Demi-tons égaux oſtent la fauſſe quinte, & octaue. 41. D
Degrez adioutez au Syſteme de Salinas. 156. C
Deſſus preferable à la Baſſe. 209. C
Deuidoirs harmoniques. 260. D
Decumanus fluctus. 160. D
Deux mille tuyaux dans l'orgue. 375. D
Deux moyennes proportionnelles demonſtrées. 408. D. & mechaniquement. 66
Defauts des orgues reparez. 382. D
Dictions du meilleur idiome. 66. B
Diaframe & ſes vſages. 3. B
Diſcours des Modes & Tons des anciens. 325. C
Diuiſions & eſpeces des chants & Airs. 95. B
Diminution des ſons & de la lumiere. 21. A
Dieu en quoy ſemblable à la lumiere. 109. B
Dimenſion des ſons. 28. A
Diſcours par les ſons des inſtrumens. 39. A
des tons des anciens comparez aux noſtres. 325. C
Diſtances de l'Echo. 56. A. & depuis. 213. iuſqu'à 220
Dioptrique, & refraction des ſons. 66. A
Difficultez du mouuement. 74. A. de la tenſion des chordes. 77. de la raiſon des poids, des chordes & des ſons. 191. de la Rythmique. 423. C
Diſtances des Planettes d'auec le Soleil. 104. A
Diminution des mouuements violents. 225. A
Diuiſion tres-ayſée de l'octaue. 58. C
Diateſſaron, ou Quarte de 67. à 76. C
Diuiſion tres-ayſée de l'octaue. 58. C. des Conſonances & des raiſons. 90. de la Vingt-neufieſme.

† ij

TABLE DES MATIERES.

93. diuision la meilleure de toutes les consonances. 97
Diuision des raisons. 58. F
Diuision Arithmetique plus douce que l'harmonique. 97. C
Diuision la meilleure de chaque consonance. 99. C
Diuision de Fabius Colomna. 117. C. du ton en 5. parties. 169. auriculaire des chordes. 37. D. du manche du Luth. 57. des Violes. 199. & 202
Dissonances. 113. combien desagreables. 122. & 129 pratiquées dans les duos. 169. 190. 200 C
Diese Chromatique & Enharmonique. 116. C
Dixieme maieure faite par les vaches. 149. C
Diatonic, Chromatic & Enharmonic des Grecs. 174. C
Diapason de Kepler diuisé en douze degrez. 189 C
Diminutions des Airs. 410. C
Dispute entre Zarlin & Galilée. 8. D
Diuisions du monochorde tres-parfaict de 17. à 25. D
Diuision circulaire du monochorde. 29. auriculaire des chordes. 37. d'Aristoxene. 60
Differences du monochorde d'egalité & du iuste. 40. D
Diminution des tours & retours des chordes. 45. D
Diuision du manche du Luth. 57. des Violes. 199. & 202
Diatonic incité. 60. D. ses especes. 70. 150. C. & 73. D. 141. 143. C
Diuine Amaryllis en musique. 90. 92. 125. D
Diapason du flageollet. 234. des trompettes. 257 du Serpent. 281. des Regales. 318 des Orgues. 336. & le plus parfait de tous. 341. de 12. demi-tons egaux. 345. vniuersel des instrumens 385. de la grosseur des tuyaux. 398. D. des cloches de 10. à 16. E
Dissonances des Organistes ne s'apperçoiuent pas. 348. D
Dix-sept, ou dix-neuf sons dans l'octaue. 353 D
Douze choses remarquables dans la preface generale.
Douzieme plus douce que la Quinte. 63. & 65. comparée à l'octaue. 66. C
Douze degrez de Musique. 116. C
Douleur plus sensible que le plaisir. 131. C. ce que c'est selon sainct Augustin. 428
Douze especes de quintes. 181. & douze modes expliquez. ibid.
Dorien, Phrygien, Lidien. 316. C
Douze transpositions de chaque mode sur le violon. 190. D
Doublette, jeu d'orgue. 369. D
Douzieme faite par vn seul tuyau. 396 D
Duplication du Cube par les sons. 43. A. 408. D
Duos comparez aux simples chants. 189
plus doux que les Trios. 201. n'ont pas d'harmonie. 203
expliquez theoriquement & pratiquement. 265. par lettres. 351. C
Durée des tremblemens de chaque chorde. 45. D

E

E triple. 67. B. 378. C. 405. & 431
Eau combien plus dense que l'air. 34. 69. &
217. A. 2. & 3. F. de puits & de fontaine, & leur refraction. 65. A
Echos. 217. 218. & depuis 48. iusques à 63. A
Echele literaire harmonique. 343. C
Egalité des tons. 61. D
Ellipse descrite par le mouuement des poids depuis 56. iusqu'à 68. & 137. A. 32. & 35. B. 31. F
Embellissement des Airs. 412. C
Enguicheure. 245. D
Empeschemens & aydes des sons. 25. A
Epinette & sa construction. 101. 106. & 113. D
Erreurs de l'œil & de l'oreille. 82. B
Escrire par notes de musique. 139. B
Estenduë du violon. 179. son excellence. 183. D. militaire de la trompette. 263
Escriture nouuelle de musique. 333. C
Essais de la poësie metrique. 393. C
Eudisharmoste. 160. D
Exemples des fausses relations. 213. de toutes sortes de vers mesurez. 335. C. des 12. modes figurez. 284. des mouuemens rythmiques. 319. & 408. de toutes sortes de Dances, de Branles & d'Airs de 163. à 179. B
Experiences. 162. 207. 195. C. de Fracastor. 28. des cheutes descrites vers le centre. 86. 111. 132. 138. A. merueilleuses des tuyaux d'orgue depuis 331. iusqu'à 346 D
Examen de l'opinion de Galilée. 104. A. des relations & passages des consonances. 283. theorique des Trios. 269. C.
Excentricitez des Planettes. 104. A
Explication de l'abregé de l'orgue. 407. D

F

Faux-bourdons à 4. 5. & 6. parties de 273. à 281. C
Facteurs excellens d'epinette. 159. D
Facture des chordes. 3. D
Fagots Harmoniques. 198. 305. D
Fantasie à 5. pour les violons. 188. pour les violes. 200. pour les cornets. 276. D. pour la Quarte. 300. C
Fautes à corriger depuis 73. iusqu'à 77. E. & 440. C. & 327
Figure de la vitesse des mouuemens, 89 & de la cheute des pierres, si la terre est mobile. 93. & du roulement des globes. 119. A. expliquant toute la musique. 136. C. du monochorde parfait. 33. D. de l'epinette. 107. du manichordion. 115. du dedans de l'epinette. 161. & de tous les instrumens dans les 7. liures.
Fifre & sa tablature. 244. D
Filler & batre les metaux. 5. D
Fleute Eunuque. 229. à 3. trous. 231
Fleute douce. 238. & d'Allemand. 241. D
Flajollet & sa tablature. 233. 369
Force du poids tombant. 11. A
Foy diuine pourquoy receuë par l'ouye. 85. B
Foyers ou centres de l'Ellipse, & des autres sections coniques 34 &c. B 59. &c. A 28. F
Force du son. 12. 216. A. force soustenant le poids sur vn plan. 121. A. & dans tout le traité mechanique. a. des arcs. 132. des chordes & cylindres. 193. de l'octaue moindre que celle de l'vnisson. 52. des modes. 188. C. de toutes sortes de chordes. 42. D

TABLE DES MATIERES.

Fourniture d'orgue. 369.D
Fondeurs de cloches, & leurs erreurs depuis 10. iusqu'à 15.
Fredons & passages. 40.B. leur vitesse. 157.D
Fueilles d'or comme elles se battent. 6.D
Fugues & leur pratique. 217. double de Claudin. 221.C

G

Galilée examiné. 85. 95. 108. 112.144.156. & 221.A
Gaillarde. 167. Gauote. 169.B
Gamme nouuelle. 194. antique. 143. & 350.G
Genre composé. 175. Sy enharmonic. 13. Chromatic & Enharmonic. 174. & 63.D
Geometrie representée par les sons. 43.A
Genres & especes de musique comparez aux Nuances. 100.B
Geometrie diuision de la Sexte mineure. 70.D
Geometrie des consonances. 386,D
Gelotoscopie, ou science du ris. 63.B
Glote cause de la voix. 5.B
Grosseur des chordes comme elle se mesure. 128.D
Graue & aigu, & leurs causes depuis 17. iusqu'à 22. B.12.A
Guidubalde repris. 124.A. & au traitté a.
Guy Benedictin inuenteur des 6. notes de musique, & sa vie. 254.C
Guiterre & ses bateries. 96. Guiterron. 92.D

H

Hautsbois. 295.302.& 306.D
Harmonique diuision des consonances. 97. & en la preface. C
Harmonie irrationelle. 132.& parfaicte. 203. vtile à toutes sciences. 5. &c. F. à la vie spirituelle. 20. aux Predicateurs. 5. aux Roys. 44. à la morale. 47. aux Iuges. 49. &c. ce que c'est. 200.C
Harpe, son vsage. 169. comparée à l'epinette. 107
Harpions. 170
Harmonique pyramide. 216.D
Histoire notable du racourcissement des chordes. 131.D
Huict choses à considerer dans la visite des orgues. 384.D. Huict especes de chromatic. 74. huict manieres d'establir le nombre des consonances. 116. huict demi-tons necessaires. 116. Huict especes de notes. 255.C
Hyperbole, sa description & son vsage. 32.F. 39.B

I

IArgon des oyseaux, & son intelligence. 51.B
Idiome le plus excellent de tous. C. 65.B
Idiomes possibles, en quel nombre. 70. composé de 10. lettres. 75. naturel. 79.D
Ieu du Piquet, & ses varietez. 133. 145.B. Fondamental de l'orgue. 106.D. des Anglois sur la viole. 198.D
Ieux de l'orgue simples & composez. 317. 369. 388.D
Ignorance des hommes. 168.A
Impossibilité de soustenir vn poids sur le plan. 20.A
Imperfection en toutes choses. 104.B

Incertitude de la grandeur du monde. 76.A
Inclination des plans. 110. A. 13.a
Instrumens harmoniques, & leurs diuisions. 2. faits à l'imitation des voix. 7. les plus agreables. 13.D
Interualle proposé diuisé en 2. parties égales. 65.D
Inuention des 2. moyennes. 67. D. merueilleuse pour l'epinette. 100.D
Inuenteurs des tons & des modes. 325.C
Instruction pour iouër de la viole. 103.D
Instrumens de la Chine. 128. de percussion. 3.E
Iris des chandelles. 203. du prisme. 212.C
Iugement du meilleur chant proposé. 154.B

L

LArgeur, longueur & profondeur des sons. 18.A
Larynx & ses muscles. 4.B
Langue & ses mouuemens pour former les lettres. 57.B. n'est pas necessaire pour parler. 78. composée de 355 360. dictions. 66.B. vniuerselle par les notes. 41.A
Langage naturel. 74.B
Languettes de tuyaux. 321.D
Larigot d'orgue. 370.D
Lecture de musique. 338.C
Lettres secretes par les sons. 39.A. labiales, gutturales, &c. 56.B
Lettres ou paroles comme doiuent estre mises en musique. 324.C
Ligne de direction. 1. & 14. a. d'angle & de reflexion, de la cheute des pierres au centre. 97.A
coupée en moyenne & extreme raison. 225.D
Lignes considerables dans les sons reflechis. 59 dans la parabole 60. & 64.A
Ligne de direction non parallele au plan, & sa puissance. 14. & 15. &c. a
Lieuë de banlieuë. 216.A
Lieu de l'image des sons. 57.A
L'œil, & l'oreille, leurs differences. 81.B
Lunettes de longue vûe par le moyen de la parabole. 61.A
Luth. 45. son temperament. 48. 62. 65. sa construction. 49
sa contrebraque, son tasseau, sa barrure, ses touches, l'art d'en bien iouër, les tremblemens, la tablature, les tons, & accords, depuis 49. iusqu'à 79. Luth organizé. 91.D
Lyre nouuelle. 100. & 106. Barberine. 216.D

M

MAin harmonique. 143.C & 350
Manieres de passer de chaque consonance aux autres, theorique. 134. & practique. 308. &c.
Main droite & gauche, comme il en faut vser sur le Luth. 78.D
Martelemens. 8.C
Maniere de toucher chaque lettre de la tablature de chaque doigt. 85. d'accorder le Luth. 86.D
Mandore, sa tablature, ses accords. 93.D
Manches des instrumens diuisez par le monochorde d'égalité, ou par les vnze moyennes proportionelles. 38. 68. 202.D. manche de Cistre diuisé. 98
Matiere de toutes les parties de l'epinette. 161.D
Manichordion. 115.D

A. Signifie les 3. liures des mouuemens.
a. Le traité des mechaniques.
B. Les 2. l. de la voix & des chants.
C. Les 6. liures des consonâces.
D. Les 6. liures des instrumens.
E. Le 7. liure des instr. de Percussion.
F. Le 8. liure de l'vtilité de l'harmonie.

† iij

TABLE DES MATIERES.

Manche de viole diuisé. 202. sa tablature. maniere d'en ioüer. 203. sa fantasie. 201. D
Manche diuisé par la ligne coupée proportionellement. 225. D
Mauduit, son eloge. 63. son *Requiem* à 5. voix. 65. E
Mathematiques, leur vsage pour les Predicateurs & spirituels, depuis 16. iusqu'à 28. F
Methode Françoise de chants comparée aux autres. 42 B
Metrique. 179. B
Mesure de la terre par la voix. 37. A. postes de la voix. 45. & 46. F, des hauteurs par les cheutes. 99. A. mesure de musique, & ses durées. 255. ou valeur des notes. 324. C. & comme elle peut estre également batuë par tout le monde. 149. D
Metaux, leur composition. 155. D. meslez comment recognus. 22. leur fusion. 8
Mercure, ses proprietez. 115. D
Methode de toucher l'epinette. 162. D
Mechanique des cheuilles. 222. D. son traitté entier en 36. pages. a
Methode de sonner de la Saquebute. 272
Merueille des Cornets à bouquin. 276. D
Methodes aysées à chanter nouuelles depuis 332. iusqu'à 342. C
Mesure binaire, ternaire &c. 398. C. comme elle doit estre batuë. 324
Methodes de trouuer la pesanteur de l'air. 78. A. 32. C. 2. F
Mese du ton des anciens. 191. C
Miroirs bruslans à l'infiny. 61. A. & 20. F
Milieu Arithmetic. Geometric, & Harmonic. 91. 121. C
Misericordias Domini à 2, 3, 4, 5, 6 parties depuis 248. à 280. C
Micrologue de Guy Aretin. 254. C
Mouuemens naturels des poids descendans, leur vitesse. 211. A. qu'elle ne peut suiure la ligne coupée en moyenne & extreme raison. 329. C. violens, & leur vitesse. 330
Mouuemens des Airs. 177. B
Moresque. 271. B
Mouuement local. 75. A. mesme chose que le son. 7. violent. 212
Miraculeuses proprietez des cloches. 46. E
Monochorde de Colomna. 167. C. de Ptolomée. 15. le tres-parfaict de 17. à 25. d'egalité. 38. D
Moindre terme de l'octaue immobile. 55. A
Modes antentiques & plagaux. 182. C
Mode Dorien, Phrygien &c. 71. modes les 7. de Ptolomée. 186. reduits à b mol & b quarre. 187. le moyen de les connoistre & leur force.
Mouuemens conioints separez, semblables & contraires. 216. C la vitesse des naturels dans tout le 2. & le 3. liure. A
Modes & leurs 12. exemples de contrepoint figuré. 285. C
Moralité de la prouidence diuine. 146. D. & des actions meritoires. 211. Mathematique 78. E notable. 430. C. 17. 28 B. 38. A 118. 158. C
Monter l'epinette de chordes d'or, d'argent, &c. 151. D
Mode majeur & mineur, parfait & imparfait. 420. C
Mouuemens Rythmiques. 376. C, violents & leur vitesse. 330. C. 224. 225.
Muses pourquoy ainsi nommées. 1. B
Muscles & leur vsage. 2. &c. B
Musique apprend à bien parler. 29
de Louis XII. 45 propre pour la morale. 92. B. tres-aysée. 137. C. nouuelle comparée à l'antique. 142. C
Geometrique. 386 D. Accentuelle. 365
des Grecs. 201. & 204. C. Platonique. 215
Muances superfluës & ostées. 134. 352 C
Musette. 288. de l'orgue. 375. D
Musiciens exhortez à bien viure. 146. & 148. D

N

Nazardement. 59. B
Nazard de l'orgue. 369. D
Nez & ses sons. 60. B
Neuf commas comparez au ton mineur. 113. C
Neufiesme & la Seconde, & leur pratique. 194. C
Neuf remarques pour le Luth. 90. D
Nombres de l'esprit sonores, iudiciels &c. 428. C
Nombres des dictions de deux consones. 66. de 10. consones, & 10. voyelles. 69. B. nombre des consonances. 111. C. nombre des retours d'vne chorde de Luth 46. 150. D. nombre des boyaux composant les chordes. 3. D
Noms infinis de chaque chose. 74. B
Nom propre de chaque ton & Mode. 148. 180. D
Notes suietes aux modes, au temps & à la prolation. 420. C. notes des 3. genres. 173
Nœuds de 10. sortes. 53. D
Nuances des couleurs & des sons. 100. & 198. B

O

Octaue comparée aux couleurs. 103. B. pourquoy la plus douce des consonances, ses noms. 350. sa force. 52. diuisée en six manieres 95. a plus de 58. commas. 116. diuisée en 12. demi-tons égaux. 132. 171. en 18. interualles depuis 154. iusqu'à 162. en 24. interualles. 163. en 32. sons. 167. Octaue de Fabius Colomna diuisée en 39. degrez. ibid. ses 22. especes. 180
Ode 1. de Pindare. 416. d'Horace. 395. & 418. mises en musique. C
Orgues de 4. fleutes. 388. auec tuyaux de mesme grosseur. 333. leur construction. 400. l'abregé. 407. deux cent vingt & vn tuyaux necessaires pour chanter *Agnus Dei*. 381. D
Oreille, si elle connoist les sons. 79. comparée à l'œil. 81. B
Ortografie nouuelle. 377. C
Origine de l'vnisson. 7. des raisons. 35
de l'octaue. 47. de la Quinte. 68. C

P

Pappus repris. 11. a
Parabole donnant les 2. moyennes proportionnelles 400 D. sa description. 37. ses proprietez 49 61. B 33. F. 60. A
Panture des cloches. 33. E
Pauses permises en vers. 427. C
Parallelepipedes de bois, leur force. 193. A
Paradoxes. 226. A. 43. F
Pancration. 25. & 133 D
Parler sans langue. 37. sans auoir ouy. 11. B

TABLE DES MATIERES.

Passages d'vne consonance à l'autre theorique. 254. pratique. 307. &c. G
Pandore. 12. & 53. D
Parole comparée au chant. 41. des Anges. 59. B
Parties du Luth. 49. D
Paroles comme doiuent estre mises en musique. 324. C
Patouille. 176. D
Parametre de la parabole. 60. A
Pauane 166. Passemezze 304. D
Parole descrite en vers. 88. B. des sibilots. 54
Pesanteur de l'air comparée à l'eau. 2 F
de la moüelle de sureau. 219. 228 A. des bois & des metaux. 183. des cloches par le moyen du bord. 17. par l'eau. 19 E
Periodes des planettes. 104. A
Pedales d'orgue. 370. D
Phenomene & difficulté fort grande. 396. D
Phaleuces François. 387. C
Phoniscopie. 8. B
Physique incertaine. 75. A
Piece aux pointes, & aux mortaises. 157 D
Pilotes ou tirans. 314. D
Pie Iesu en musique à 6. parties du Caurroy. 61. E
Pierre tombant du heut d'vn mas de nauire. 153. A
Pindare chanté. 416. C
Plan incliné à l'infiny. 110. 113. &c 115. & 119. A
Plomb le temps qu'il descend en l'eau. 69. A. ietté & applati. 321. D
Plectrum antique. 172. D
Porte-vent de l'orgue. 318. D
Positif & ses ieux. 371. D
Poids des corps pres du centre de la terre.
Poids en quel temps descendent en l'eau. 69. F
Poësie mesurée. 384 C
Poissons luisans de nuict. 46. A
Point d'egalité des cheures. 101. A
Poids poussé contre vne surface, sa force. a
necessaire pour bander les chordes. 41. D
Postes de la voix. 37. A 45. F
Propositions eternelles veritables. 80 B
Predicateurs sont les interualles de musique. 91. B. aydez par l'harmonie, & par les accents. 373. C & 5 F
Prouerbe de musique. 91. B
Proprietez de la ligne coupée proportionnellement. 127. A
Proiection des roües. 138. 147. & 149. A. proiection de la terre mobile.
Preludes de l'harmonie. 65. B
Proportion des cylindres pour faire les consonances. 177. A
Presses & leur force. 197. A
Principes de chymie. 197. A
Probleme excellent. 207. A
Premiere mode diuisé en 6. manieres. 184. C
Proprietez des modes. 187. C
Pratique facile à chanter. 192. B
Proportion de la ligne coupée proportionnellement est trop grande. 330. C
Proprietez de chaque ieu d'orgue. 347. D. de la trompette. 220. D
Pratique des facteurs d'orgue. 98. D
Prestant de l'orgue. 369. D
Problemes plans & solide. 412. D
Predication Mathematique. 78. F
Prosodie Françoise & ses regles. 381. C
Prosper Gelotoscope. 63. B

C
Psalme 136. 433. en vers, excellens.
Psalterion. 174. D
Puissances comparées aux lignes de direction. 1. & 19. a
Puissance determinée soustenant vn poids donné sur vn plan incliné. 4. 5. 6. &c. a. & 14

Q

Quadrature du cercle par les sons. 42. & 44. A
Qualitez des corps representez par le son. 19. & 24. A
Quarante & deux octaues expliquées. 186. A
Quarte comparée au zero. 59. sterile. 74. mauuaise. 81. comparée au Triton. 127. ses 3. especes. 180. & ses 6. especes. 181. C
Quatorze nouuelles especes d'octaue. 180. C
Quatre parties de la Musique. 211. expliquées par nombres. 428. &c.
Quatre sortes de mouuemens dans la Composition. 216. C
Quarte expliquée en toutes sortes de façons. 200. C. six Quartes d'Aristoxene, diuisée en 60. parties. 60. D
Quatre parties sur le Luth. 90. D
Quatre remarques pour les ioueurs de violon. 183. D. 4. autres remarques. 127. A
Quarte pratiquée en toutes les façons possibles. 100. &c. C
Quatre choses remarquables pour les Airs. 401. C
Quinte, sa nature. 60. moins douce que l'octaue. 61. & que la Douzième. 63. & 65. plus douce que la Quarte. 72. C
Quinte fausse plus grande que le Triton. 126. C. ses 12. especes. 182. C
Quinze modes. 188. C

R

Rareté de l'air & de l'eau. 31. A. & 2. F
Rayons du Soleil pourquoy bruslans. 46. A
Rayon de refraction, rompu & d'incidence. 64. A
Raison de la longueur des chordes aux retours. 157. A. des corps aux sons. 174. A
Raisons harmoniques prises à rebours. 160. A
Raison d'egalité & sa cause. 30. C
Raison de l'octaue est double, quadruple & octuple. 44. D
Raisons de la Musique tres-aysées. 105. des dissonances. 119. des suppositions. 104. C. des passages. 119. des interualles de la trompette. 249. &c. D
Raisons nombrées, ajoutées, diuisées, &c. 53. F
Remedes pour les vices de la voix. 45. B
Reflexions sur la difficulté d'apprendre à parler. 98. B
Regles des beaux chants. 97. & 99. B. 360. C
Reflexion des sons. 18. 49. de la lumiere. 61. A
Rencontre des sons & de la lumiere. 35. A
Refraction des sons. 63. de l'eau de puits, de fontaine, & de riuiere. 65. A
Retours des chordes comparez à leur longueur. 157. A
Repos des chordes. 159. A
Recits d'vne seule voix plus agreables que les Compositions. 198. C
Regles de la composition. 218. & 322. C. 222.

A. Signifie les 3. liures des mouuements.
a. Le traité des mechaniques.
B. Les 2. l. de la voix & des chants.
C Les 6. liures des consonâces.
D. Les 6. liures des instrumens.
E. Le 7. liure des instr. de Percussion.
F. Le 8. liure de l'vtilité de l'harmonie.

† iiij

TABLE DES MATIERES.

Manche de viole diuisé. 202. sa tablature. maniere d'en iouër. 103. sa fantasie. 201. D
Manche diuisé par la ligne coupée proportionellement. 225. D
Mauduit, son eloge. 63. son *Requiem* à 5. voix. 65. E
Mathematiques, leur vsage pour les Predicateurs & spirituels, depuis 16. iusqu'à 28. F
Methode Françoise de chants comparée aux autres. 42 B
Metrique. 179. B
Mesure de la terre par la voix. 37. A. postes de la voix. 45. & 46. F, des hauteurs par les cheutes. 99. A. mesure de musique, & ses durées. 255. ou valeur des notes. 324. C. & comme elle peut estre également batuë par tout le monde. 149. D
Metaux, leur composition. 155. D. meslez comment recognus. 22. leur fusion. 8
Mercure, ses proprietez. 115. D
Methode de toucher l'epinette. 162. D
Mechanique des cheuilles. 212. D. son traitté entier en 36. pages. a
Methode de sonner de la Saquebute. 272
Merueille des Cornets à bouquin. 276. C
Methodes aysées à chanter nouuelles depuis 332. iusqu'à 342. C
Mesure binaire, ternaire &c. 398. C. comme elle doit estre batuë. 324
Methode de trouuer la pesanteur de l'air. 78. A. 32. C. 2. F
Mese du ton des anciens. 191. C
Miroirs bruslans à l'infiny. 61. A. & 20. F
Milieu Arithmetic. Geometric, & Harmonic. 91. 121. C
Misericordias Domini à 2, 3, 4, 5, 6 parties depuis 248. à 280.
Micrologue de Guy Aretin. 254. C
Mouuemens naturels des poids descendans, leur vitesse. 211. A. qu'elle ne peut suiure la ligne coupée en moyenne & extreme raison. 329. C. violents, & leur vitesse. 330
Mouuemens des Ails. 177. B
Moresque. 771. B
Mouuement local. 75. A. mesme chose que le son. 7. violent. 212
Miraculeuses proprietez des cloches. 46. E
Monochorde de Colomna. 167. C. de Ptolomée. 15. le tres-parfaict de 17. à 25. d'egalité. 38. D
Moindre terme de l'octaue immobile. 55. A
Modes autentiques & plagaux. 182. C
Mode Dorien, Phrygien &c. 72. modes le 7. de Ptolomée. 186. reduits à b mol & b quarre. 187. le moyen de les connoistre & leur force.
Mouuements conioints separez, semblables & contraires. 216. C. la vitesse des naturels dans tout le 2. & le 3. liure. A
Modes & leurs 12. exemples de contrepoint figuré. 185. C
Moralité de la prouidence diuine. 146. D. & des actions meritoires. 111. Mathematique. 78. E notable. 430. C. 17. 28 B. 38. A 118. 158. C
Monter l'epinette de chordes d'or, d'argent, &c. 151. D
Mode majeur & mineur, parfait & imparfait. 420. C
Mouuemens Rythmiques. 376. C. violents & leur vitesse. 330. C. 224. 225.
Muses pourquoy ainsi nommées. 1. B
Muscles & leur vsage. 2. &c. B
Musique apprend à bien parler. 29 de Louis XII. 45 propre pour la morale. 91. B. tres-aysée. 137. C. nouuelle comparée à l'antique. 141. C
Geometrique. 386 D. Accentuelle. 365 des Grecs. 201. & 204. C. Platonique. 215
Muances superfluës & ostées. 134. 352. C
Musette. 288. de l'orgue. 375. D
Musiciens exhortez à bien viure. 146. & 148. D

N

Nazardement. 59 B
Nazard de l'orgue. 369. D
Nez & ses sons. 60. B
Neuf commas comparez au ton mineur. 123. C
Neufiesme & la Seconde, & leur pratique. 194. C
Neuf remarques pour le Luth. 90. D
Nombres de l'esprit sonores, iudiciels &c. 428. C
Nombres des dictions de deux consones. 66. de 10. consones, & 10. voyelles. 69. B. nombre des consonances. 111. C. nombre des retours d'vne chorde de Luth 46. 150. D. nombre des boyaux composant les chordes. 3. D
Noms infinis de chaque chose. 74. B
Nom propre de chaque ton & Mode. 148. 180. D
Notes suietes aux modes, au temps & à la prolation. 410. C. notes des 3. genres. 173
Nœuds de 10. sortes. 53. D
Nuances des couleurs & des sons. 100. & 198. B

O

Octaue comparée aux couleurs. 103. B. pourquoy la plus douce des consonances, ses noms. 350. sa force. 52. diuisée en six manieres 95. a plus de 58. commas. 126. diuisée en 12. demi-tons égaux. 132. 171. en 18. interualles depuis 154. iusqu'en 162. en 24. interualles. 163. en 31. sons. 167. Octaue de Fabius Colomna diuisée en 39. degrez. ibid. ses 22. especes. 180
Ode 1. de Pindare. 416. d'Horace. 395. & 418. mises en musique. C
Orgues de 4. fleutes. 388. auec tuyaux de mesme grosseur. 333. leur construction. 400. l'abregé. 407. deux cent vingt & vn tuyaux necessaires pour chanter *Agnus Dei*. 381. D
Oreille, si elle connoist les sons. 79. comparée à l'œil. 81. B
Ortografie nouuelle. 377. C
Origine de l'vnisson. 7. des raisons. 35 de l'octaue. 47. de la Quinte. 68. C

P

Pappus repris. 11. a
Parabole donnant les 2. moyennes proportionnelles 400 D. sa description. 37. ses proprietez 49 61. B 33. F. 60. A
Panture des cloches. 33. E
Pauses permises en vers. 427. C
Parallelepipedes de bois, leur force. 193. A
Paradoxes. 276. A. 43. F
Pancration. 15. & 133 D
Parler sans langue. 37. sans auoir ouy. 11. B

TABLE DES MATIERES.

Passages d'vne consonance à l'autre theorique 254. pratique. 307. &c. C
Pandore. 12. & 53 D
Parole comparée au chant. 41. des Anges. 59. B
Parties du Luth. 49. D
Paroles comme doiuent estre mises en musique. 324. C
Patouille. 176. D
Parametre de la parabole. 60. A
Pauane 166. Passemezze 304. D
Parole descrite en vers. 88. B. des sibilots. 54
Pesanteur de l'air comparée à l'eau. 2 F
de la mouella de sureau. 129. 228 A. des bois & des metaux. 183. des cloches par le moyen du bord. 17. par l'eau. 19 E
Periodes des planettes. 104. A
Pedales d'orgue. 370. D
Phenomene & difficulté fort grande. 396. D
Phaleuces François. 387. C
Phoniscopie. 8. B
Physique incertaine. 75. A
Piece aux pointes, & aux mortaises. 157. D
Pilotes ou titans. 314. D
Pie Iesu en musique à 6. parties du Caurroy. 61. E
Pierre tombant du heut d'vn mas de nauire. 153. A
Pindare chanté. 416. C
Plan incliné à l'infiny. 110. 113. &c 115. & 119. A
Plomb le temps qu'il descend en l'eau. 69. A. serré & applati. 321. D
Plectrum antique. 171. D
Porte-vent de l'orgue. 318. D
Positif & ses ieux. 371. D
Poids des corps pres du centre de la terre. 61. A
Poids en quel temps descendent en l'eau. 69. A
Poësie mesurée. 384 C
Poissons luisans de nuict. 46. A
Point d'égalité des cheutes. 101. A
Poids poussé contre vne surface, sa force. a
necessaire pour bander les chordes. 42. D
Postes de la voix. 37. A 45. F
Propositions eternellement veritables. 80 B
Predicateurs sont les interualles de musique. 91. B. aydez par l'harmonie, & par les accents. 373. C & 5 F
Prouerbe de musique. 91. B
Proprietez de la ligne coupée proportionnellement. 127. A
Proiection des roües. 138. 147. & 149. A. proiection de la terre mobile.
Preludes de l'harmonie. 65. B
Proportion des cylindres pour faire les consonances. 177. A
Presses & leur force. 197. A
Principes de chymie. 197. A
P. obleme excellent. 207. A
Premiere mode diuisée en 6. manieres. 184. C
Proprietez des modes. 187. C
Pratique facile à chanter. 192. C
Proportion de la ligne coupée proportionellement est trop grande. 330. G
Proprietez de chaque ieu d'orgue. 347. D. de la trompette. 220. D
Pratique des facteurs d'orgue. 98. D
Prestant de l'orgue. 369. D
Problemes plans & solide. 412. D
Predication Mathematique. 78. F
Prosodie Françoise & ses regles. 381. C
Prosper Gelotoscope. 63. B

Psalme 136. 433. en vers, excellens. C
Psalterion. 174. D
Puissances comparées aux lignes de direction. 2. & 19. a
Puissance determinée soustenant vn poids donné sur vn plan incliné. 4. 5. 6. &c. a. & 14

Q

Quadrature du cercle par les sons. 42. & 44. A
Qualitez des corps representez par le son. 19. & 24. A
Quarante & deux octaues expliquées. 186. A
Quarte comparée au zero. 59. sterile. 74 mauuaise. 81. comparée au Triton. 127. ses 3. especes. 180. & ses 6. especes. 181. C
Quatorze nouuelles especes d'octaue. 180. C
Quatre parties de la Musique. 211. expliquées par nombres. 428. &c.
Quatre sortes de mouuemens dans la Composition. 216. C
Quarte expliquée en toutes sortes de façons. 200. C. six Quartes d'Aristoxene, diuisée en 60. parties. 60. C
Quatre parties sur le Luth. 90. D
Quatre remarques pour les ioueurs de violon. 183. D. 4. autres remarques. 227. A
Quarte pratiquée en toutes les façons possibles. 200. &c. C
Quatre choses remarquables pour les Airs. 401. C
Quinte, sa nature. 60. moins douce que l'octaue. 61. & que la Douziéme. 63. & 65. plus douce que la Quarte. 72. C
Quinte fausse plus grande que le Triton. 126. C. ses 12. especes. 182. C
Quinze modes. 188. C

A. Signifie les 3. liures des mouuemens.
a. Le traité des mechaniques.
B. Les 2. l. de la voix & des chants.
C Les 6. liures des consonaces.
D. Les 6. liures des instrumens.
E. Le 7. liure des instr. de Percussion.
F. Le 8. liure de l'utilité de l'harmonie.

R

Rareté de l'air & de l'eau. 31. A. & 2. F
Rayons du Soleil pourquoy bruslans. 46. A
Rayon de refraction, rompu & d'incidence. 64. A
Raison de la longueur des chordes aux retours. 157. A. des corps aux sons. 174. A
Raisons harmoniques prises à rebours. 160. A
Raison d'egalité & sa cause. 30. C
Raison de l'octaue est double, quadruple & octuple. 44. D
Raisons de la Musique tres-aysées. 105. des dissonances. 119. des suppositions. 104. C. des passages. 219. des interualles de la trompette. 249. &c. D
Raisons nombrées, ajoutées, diuisées, &c. 53. F
Remedes pour les vices de la voix. 45. B
Reflexions sur la difficulté d'apprendre à parler. 58. B
Regles des beaux chants. 97. & 99. B 360. C
Reflexion des sons. 18. 49. de la lumiere. 61. A
Rencontre des sons & de la lumiere. 35. A
Refraction des sons. 63. de l'eau de puits, de fontaine, & de riuiere. 65. A
Retours des chordes comparez à leur longueur. 157. A
Repos des chordes. 159. A
Recits d'vne seule voix plus agreables que les Compositions. 198. C
Regles de la composition. 218. & 322. C. 222.

† iiij

TABLE DES MATIERES.

Relations internes & externes des passages. 200. C
du Triton. 261. & 312. &c. C
Retours composez d'allées & de venuës. 151. leur
vitesse. 44. D
Regles de la tablature des sourds. 123. G
Remarques excellentes des ieux de l'orgue. 37 4.
388. C
Relations fausses expliquées. 213. C
Ressort de la reflexion des retours. 163. A
Ris, sa signification, ses voyelles, ses regles. 63. B
Ridicule object du ris. 64. B
Rythme, vers, & metre distinguez. 426. C
Rythmique establie. 375. Rythmopoëie. 402
de sainct Augustin. 425. C

S

Salinas repris. 225. D
Saquebute. 27. D
Sampogne, ou Musette d'Italie. 294.
Sarabande. 166. B. 97. D
Sauts de la trompette depuis 249. iusqu'à 259. D
Scaleta. 176. D
Septentrionaux parlent plus fort que les meridionaux. 60. B
Sexte maieure desagreable. 115. la mineure est meilleure.
Sept aduertissemens dans la preface. C
Sextes comparées anx Tierces & à la Quarte. 79. C
Semidiapente comparé au Diapente. 127. C
Sept cent vingt chants differens. 128. B
Sept comparaisons du son & de la lumiere. 97. B
Septiesme espece nouuelle du Diatonique. 145
Sept exachordes. 145. sept especes d'octaue. 179.
183. & 194. G
Septante & deux modes. 186. C
Sept sortes de pauses, ou silences. 256. C
Secondes & Neufiesmes, leur pratique. 205. C
Septiesme, & semidiapente, leur pratique. 197. C
Sexte mineure diuisée par 7. moyennes proportionnelles. 70. D
Seize exemples sur le manche du Luth. 85. D
Serpent, & son vsage. 279. D
Sections coniques expliquées & leurs proprietez.
51. A. depuis 32 à 59 B. & 209. F
Sciences apprises en dançant. 160. A
Siffler de la bouche. 31. D
Six conclusions tirées de l'echo. 215. A
Six proprietez des 3 milieux. 93. C
Six diuisions de l'octaue. 95. & 140. C. autant de la
Dixiesme maieure. 95. C
Six especes de Diatonie. 143. C
Six especes de Quarte. 181. C. &. 195
Six liures de la Musique de sainct Augustin expliquez. 425. C. six preceptes pour composer en
Musique. 324. C
Six Quartes d'Aristoxene. 58. D
Six aduertissemens pour les Predicateurs depuis
10. iusqu'à 16. F
Sistres antiques. 173. D
Sons qui peuuent estre faits de la bouche. 13
comparez aux couleurs & à la lumiere. 101. 17. A
& 138. C. mesme chose auec le mouuement de
l'air. E, comme il se fait. 3. produit par les atomes. 6. & 9. ses especes intentionelles. 5. dans le
vuide. 8. proportionel au mouuement. 11. plus
subtil que la lumiere. 18. sa reflexion. 18. represente les qualitez des corps. 19. passe à trauers
les murailles. 24. & 35. sa sphere d'estenduë. 25.
sc. dimensions. 28. ses qualitez. 29. mieux entendu de dehors que dedans les chambres. 33. & de
hau: en bas, que de bas en haut. 34. sa rencontre
auec la lumiere. 35. entédu de l'vn à l'autre pole:
sa vitesse. 38. A. mais mieux 44. F. ses reflexions.
59. 62. ses refractions. 64. le lieu de sa production 171. mesuré par les poids. 184
Son de la Viole le plus agreable de tous. 13 D. &
195
Son fait par toutes sortes de mouuemens. 145 D.
180. A
Sons des metaux sondus. 154. D. 24. E
Sommaire du liure des consonances, & des dissonances. 139 C
Sourds peuuent accorder les instrumens. 123 D
Sons des plus grands tuyaux pourquoy plus
graues. 358 D
Soixante & quatre notes à la mesure. 395. D
Soufflets d'orgue, leur poids, & inclination. 376 D
Sommier à ressort, & trainant. 406 D
Soudures de toutes façons. 311. & 344 D
Sourds & muëts peuuent apprendre à lire & à escrire. 79. B
Soufre, sel & mercure des corps. 199. A
Sourdeline de Naples. 293. D
Speculation subtile des cheures. 90 A
Suplément de tout le traité de l'orgue. 399. D
Supposition de chaque consonance. 102. C
Surface de refraction. 64. A
Subtilité de l'œil & de l'oreille. 170. A
Systeme de Fabius Colomna. 131. le plus aysé de
tous. 171. comprenant les 3. genres. 175. de Salinas 164. C. de b mol & de b quarre. 191. d'Aristoxene. 58. D
Syncope Harmonique impropre. 194. sa pratique.
205. C
Syllabes Françoises, leur mesure. 381. C
Synton de Ptolomée. 70. D
Symbole de S. Athanase en vers. 69. D

T

Tambours. 51 leur tablature. 55. B
Tables des Combinations de toutes sortes
de 64. à 110. B. de la progression Geometrique.
134. & 144. des refractions. 66. A. des cheutes en
temps donné. 87. 100. & 107. experiences merueilleuses. 111. table des dissonances. 108. & 119.
de Musique pratique. 146. table theorique des
passages harmoniques. 235. des consonances, &
dissonances 3. & 4. C. de la grandeur des chordes. 121. D. du nombre des batemens d'air. 142.
de la parfaite theorie. 354
Tablature vniuerselle pour escrire la Musique.
145. C. du Luth. 89. D. des notes & des lettres.
90. de la Mandore. 94. de la Guiterre. 96. des
sourds. 125. des retours de diuine Amaryllis. 143
du Psalterion. 174. des Violes. 193. de la Lyre.
207. de la fleute à 6. trous. 236. de celle d'Allemand. 141. de la trompette. 261. & 263. de la
Musette. 291. D. de l'orgue. 391
Tasseau du Luth. 52. D
Tarares de la Trompette. 266. D
Tardiueté estrange du mouuement qui fait le
son. 140. D
Terre & le moyen de mesurer sa grandeur par
vne seule station. 30. F
Ternaire, ses proprietez. 204. 211 C
Temperament signifié par la voix. 8 B
Temple de Iustinian admirable. 104. B
Temps de l'estenduë du son droit. 14. A. mieux

TABLE DES MATIERES.

44 F. du son reflechi. 45. F. & 213. A. des cheutes. 86

Tension naturelle de l'air. 23 A. des chordes. 77
Tetrachorde conioint. 142. C
Termes radicaux du diatonic. 191. C
Temps parfait & imparfait. 421. C
Temperament & accord de l'epinette.105.de l'orgue 365 de l'homme par la chymie. 156. D
Theorie & pratique des Grecs. 56. D
Thermoscope nouueau. 132. D
Theorie nouuelle de la Musique. 385. D
Theorie dans vne seule proposition. 137. C
Tintoins. 17 A
Tierces expliquées 75. tierce maieure pourquoy plus douce que la Quarte. 77. C. leur pratique. 209
Tierce mineure du chant du Coucou. 149. C
Tierce maieure vient du pentagone. 188. C
Tierce d'orgue. 369 Tiercette. 371. D
Ton diuisé en 5 parties.117. C.169. D. en 3. parties. 196. maieur & mineur combien ils contiennent de commas.123. où le maieur doit estre.152. ton des instrumens le plus agreable. 9. D
Ton accord & tempetement du Luth. 45 D
Tons & leurs inuenteurs. 325. C
Touches du Luth trouuées. 54. D
Ton égal marqué par toute la terre. 149. D
Tons des Cors de chasse. 269 D. des tuyaux d'orgue, & la maniere de les hausser ou baisser. 329. D
Tran des Cors de chasse. 246. & 270. D
Tremblemens de la chorde touchée de l'archet. 197 D. sa diminution. 44
Tremblemens des chordes d'vn concert nombrez.143. C. des tuyaux discordans. 362. D
Tringlage 156 & 158 D
Trompette marine. 218. D
Trompette, son estenduë 248. &. 267. sa tablature. 261 ses tarares. 266 D
Tremblant à vent clos. 379. D
Tiompe. 50. E
Trisection de l'angle. 411. D
Tremblemens de gorge & de lévre. 335. C
Trilli & Gruppi des Italiens expliquez. 326. & 328. C
Trios comparez aux Duos. 201. & 203. C semblables aux syllogismes, & aux 3. couleurs de l'Iris. 213. C
Trois parties font toute la Musique. 213. C
Trois choses remarquables pour les tons des anciens. 327. C
Trois Trios expliquez, & partis. 269. C
Triton & sa pratique. 196. C
Triangle equilateral excellent. 27. D
Treize preceptes pour le manche du Luth. 83. D
Tuyaux prononçans les voyelles. 381. D
Tuyau bouché de l'orgue fait 2. sons. 395. D
Tu crois ô beau Soleil, mis en Musique par le Roy. 394. D

V

Vache fait la Dix.éme maieure en criant. 149.

C

Varietez de 2. ou plusieurs parties. 151. B
Vaudeuille. 237. D
Vases de Vitruue expliquez. 35. F
Varietez merueilleuses de chaque mesure. 396. C
Vers hexametres François & autres de toutes especes. 385. &c. C
Vers rimez reduits aux mesures. 394. C
Vers de Pindare & d'Horace en Musique. 416. C
Vitesse du son. 38.210. A. 44. F
Vitesse des chordes necessaires pour faire le son. 190. D
Vitesse du toucher. 138 145 D
Violös, leur accord. 178 & 184. leur estéduë.179. D les 24. du Roy.189 leur fantaisie à 5. parties.188. douze transpositions de chaque mode dessus.
Violes, leur accord, & tablature, depuis 191. iusqu'à 199. diuision de son manche.199. sa fantaisie. 201. D
Vielle découuerte. 212. couuerte. 215. D
Vingt & vn ieu simples de l'orgue. 317. & vingtdeux. 369. D
Vent mesuré pour les tuyaux. 360. D
Visite des orgues. 381. D
Vitesse de la bale d'arquebuze, & l'effet du canon. 67. F
Vitesse des poids descendans vers le centre, en raison doublée des temps.85. diminuée en raison donnée.90. merueilleuse. 91. A
Vitesse du mouuement des chordes, & sa diminution. 161. A
Vnze moyens proportionnels. 68. D
Vnions des sons comparées aux autres vnions. 27. A
Vnisson d'où il vient.5.plus doux que l'octaue. 12. definy.23. sa force. 27. cause des consonances. 31. sa pratique. 208. qu'il est consonance, depuis 11. iusqu'à 26. C
Voix, 8. choses qui la forment. 198. B
Voix comparées aux planetes. 9. B. matiere de la parole, graue, & aiguë comparées. 23. monte plus aysément qu'elle ne descend. 25. ses remedes. 45. son augmentation & affoiblissement. 29 ses vices.43. & 45. inflexible peut chanter sa partie. 44. differentes pour les differents climats.60. signes du temperament, ses qualitez, ses ports, ses passages. 354. C
Voyelles, leur formation. 57. dix, 67. propres pour exprimer les passions. 73. B. prononcées par l'orgue. 38. D
Vsage des sections Coniques, & des Mathematiques pour les Predicateurs & les spirituels, dans tout le 8. liure de l'vtilité de l'harmonie. F. du genre chromatic, & enharmonic dans les chants.439. C du Clauier d'epinette augmenté de 4. marches. 138. & 145. D
Vtilitez mechaniques.99. A. des retours des chordes pour la medecine, & la mechanique. 46. C
Vuide vniuersel & particulier. 8. A

OMNIS SPIRITVS LAVDET DOMINVM.

PREMIERE OBSERVATION.

Entre plusieurs observations qui meritent vn Traité particulier, i'en mets seulement icy deux, dont la premiere appartient aux mouuemens naturels des corps pesans (desquels i'ay parlé en plusieurs endroits de cet œuure) afin de remplir les pages vuides. Ie di donc premierement qu'ayant veu le liure que le sieur Galilée a fait du mouuement local, i'ay appris qu'il n'auoit fait ses experiences que de 12. brasses de Florence, qui ne font pas 24. de nos pieds de Roy, au lieu que i'ay fait les miennes de 147. pieds de haut. Il remarque donc que l'augmentation de la vitesse des corps pesans qui descendent est vniforme, & égale, parce qu'ils acquierent autant de nouueaux degrez de vitesse, comme l'on augmente les temps de leurs cheutes: par exemple, le second temps aioute vn degré de vitesse à celuy du premier temps; & le 3. temps aioute vn degré de vitesse au 2. degré, & ainsi des autres; de sorte que si le mobile poursuiuoit sa cheute auec le seul degré de vitesse acquise au premier moment de sa cheute, il feroit deux fois moins de chemin, que lors qu'il descend auec le 2. degré acquis au 2. moment, & ioint au premier degré. C'est pourquoy il suffit de connoistre la multitude des mouuemens de la cheute pour sçauoir combien le mobile a de degrez de vitesse. Cecy posé, par le tesmoignage de l'experience, laquelle i'ay faite de plus de 24. toises de haut en presence de personnes sçauantes, qui y ont aydé, ie mets icy ses 8 premiers theoresmes, que l'on peut deduire de la 7. prop. de nostre 2. liure des mouuemens, & de la 22. du 3.l.

Les VIII. premiers Theoresmes de Galilée.

I. Le temps auquel le mobile fait vn espace donné, est égal au temps, dans lequel ledit mobile feroit le mesme espace par vn mouuement égal, dont la vitesse seroit souz-double du plus grand degré de vitesse du mobile augmentant son mouuement.

II. Les espaces faits par le mobile tombant en tels temps qu'on voudra, sont en raison doublée des temps, ou comme leurs quarrez. Ce que nous auons demonstré dans nostre 2. liure des mouuemens: d'où il arriue que tous les espaces pris en particulier, ont mesme raison que les nombres impairs 1. 3. 5. &c. de sorte qu'au mesme temps que les degrez de vitesse s'augmentent suiuant l'ordre naturel des nombres, 1.2. 3. 4. &c. les espaces parcourus dans autant de temps s'augmentent selon les nombres impairs, commençans par l'vnité. D'où il conclud que si l'on prend 2. espaces donnez, dés le commencement de la cheute, faits en des temps donnez, les temps des cheutes seront comme les 2. espaces susdits à l'espace moyen proportionel entre ces 2. espaces, tant sur les plans inclinez, que dans le perpendiculaire.

III. Si le mobile chet par vn plan incliné, & par le perpendiculaire, ayants mesme hauteur sur l'orizon, les temps des cheutes seront entr'eux comme les longueurs desdits plans.

IV. Les temps des cheutes sur des plans égaux inegalement inclinez sont en raison souz-doublée de leurs hauteurs, en les permutant.

V. La raison des descentes sur les plans differens en longueur, inclination & hauteur, est composée de la raison de leurs longueurs, & de la raison souz double de leurs hauteurs prise en changeant.

VI. Des plans estant menez du haut ou du bas du cercle, à tel point de la circonference qu'on voudra, les temps des cheutes sur lesdits plans sont égaux: dont nous auons traité dans le 3.l. des mouuemens. D'où il est aysé de conclure que le plan perpendiculaire & l'incliné descrits d'vn mesme point, sur lesquels les cheutes se font en temps égal, sont dans le demi cercle, dont le plan perpendiculaire est le diametre: & que les temps des cheutes sur des plans sont égaux, lors que les hauteurs des parties égales desdits plans sont entr'elles comme la longueur des mesmes plans.

VII. Si les hauteurs de deux plans sont en raison doublée de celle de leurs longueurs, les cheutes se feront en temps égaux.

VIII. Les temps des cheutes qui se font sur les plans coupez par vn mesme cercle éleué sur l'orizon, lesquels commencent au haut ou au bas du diametre, sont égaux au temps de la cheute perpendiculaire qui se fait par le diametre: mais les temps de la cheute sur les plans qui ne vont pas iusques au diametre sont plus courts: & ceux de la cheute qui se fait sur les plans qui coupent le diametre, sont plus longs.

SECONDE OBSERVATION.

De l'agreement des consonances, & de l'union des batemens de l'air sur le tympan de l'oreille; & de la maniere de mesurer les hauteurs par les mouuemens des chordes.

Encore que i'aye expliqué en plusieurs endroits tout ce qui concerne les reuersions, ou les retours des chordes qui produisent le son, & les vnions ou rencontres de leurs tours & retours, & par consequent des batemens d'air, qui semblent d'autant plus doux à l'ouye, qu'ils s'vnissent plus souuent, il est neantmoins à propos de remarquer que le sieur Galilée a eu la mesme pensée dans son liure du mouuement, où il aioûte que les chordes attachées à vn clou en haut, & ayant vn poids à l'autre bout, monstrent les vniōs desdites reuersions qui se font dans les consonances: par exemple, si l'on veut representer tous les mouuemens, ou batemens de l'octaue diuisée en quinte & quarte, qui s'vnissent, ou qui sont desunis, il faut prendre 3. cordes, ou filets, dont les longueurs soient en raison doublée des 3. termes de ladite octaue diuisée, à sçauoir de 2.3.& 4.ou de 6.4.3. qui diuisent le Diapason Arithmetiquement ou harmoniquement; mais parce que la premiere diuision arithmetique est la plus naturelle & plus conforme à la verité, comme i'ay demonstré dans la 36. prop. du liure des consonances, i'en vse icy, & dis que les raisons de ces termes 2. 3. 4. estant doublées nous donnent ces 3. autres suiuans, 4. 9. 16. qui monstrent la longueur des 3. cordes, dont les mouuemēs s'vnissent autant de fois que ceux des 3. chordes du Luth ou des autres instrumens, qui diuisent le Diapason en diapente & diatessaron, car la chorde longue de 16. pieds ne fera que 2. mouuemens, ou tours & retours, tandis que celle de 9. pieds en fera 3. & celle de 2. pieds en fera 4. de sorte que cette derniere qui est la plus courte faisant 2. mouuemens, la premiere, ou plus longue en fera seulement vn, c'est pourquoy chacun de ses coups, ou batemens frappera à mesme temps que chaque second coup de l'autre; dont il n'y aura nul coup desuni à proprement parler, parce que son premier mouuement commence & se fait auec la premiere moitié du premier batement de l'autre, & le second finit auec la seconde partie.

Quant à la chorde de 9. pieds qui fait 3. mouuemens en mesme temps que celle de 16. pieds en fait 2. elle n'vnit ses batemens qu'à chaque troisiesme de ses coups, & parce que le premier des 3. cōmence auec le premier des 2. & que le troisiesme finit auec le secōd, l'on peut dire qu'il n'y a que le seul coup du milieu des 3. qui ne s'vnit point ; ces trois coups estans comparez aux 4. coups de la chorde de 4. pieds, ne s'vnissent qu'au commencement & à la fin desdits 4. coups, de sorte qu'il y en a 2. desunis, d'où il arriue que quelques vns tiennent que le diatessaron est la derniere, ou la moindre des simples consonances, parce qu'elle a autant de mal que de bien, c'est à dire d'vnions que de desunions, comme i'ay dit dans la 33. prop. tres-longue & difficile du liure des Consonances. Quoy qu'il en soit, ie veux icy donner la longueur de 3 chordes conformes à celles dont i'ay tousiours vsé dans nos obseruations, laquelle a 3. pieds & demi de lōg, & laquelle ie fais seruir pour la plus longue, parce que celle de 16. pieds est trop incommode, à raison qu'il y a peu de personnes qui puissent disposer assez commodement d'vne telle hauteur pour receuoir le contentement de voir les sons & l'harmonie auec les yeux, sans vser de l'oreille.

Ie di donc que la premiere ou plus longue chorde estant de 3. pieds & demi, la seconde sera quasi de 2. pieds, parce qu'il n'y a pas vne ligne à dire ; & la 3. sera de 7. pouces & demi, lesquelles estant laissées aller reuiendront toutes trois ensemble à chaque quatriesme batement de la plus courte ; de sorte que l'œil verra l'vnion harmonique, mais ny l'œil ny l'esprit ne verront pas pourquoy ces vnions plaisent si fort à l'ouye, dont la cause immediate nous en est aussi bien cachée que des autres effets naturels. Ceux qui auront d'assez grandes hauteurs, ont icy les 2. sortes de chordes representées en nombres.

16 pieds,	9 pieds,	4 pieds.
3 pieds & ½	2 pieds ou enuiron.	7 pouces & demi.

Et ceux qui auront des galeries ou d'autres lieux de 60. pieds de lōg, & des chordes de leton, ou d'autre matiere de cette longueur, n'auront pas besoin desdites chordes suspēduës, parce que s'ils tendent 3. chordes horizontalement, comme celles de l'epinette, dont l'vne soit longue de 60. pieds, l'autre de 40. & l'autre de 30. en mesme temps que celle de 60. pieds fera deux batemens, celle de 40. en fera 3. & celle de 30. en fera 4. de sorte que tous leurs batemens s'vniront autant de fois que la plus courte fera 4. batemēs, comme il arriue que les chordes de l'epinette, ou des autres instrumens, qui font la mesme diuision de l'octaue, vnissent quinze fois leurs mouuemens dans le temps d'vne seconde minute, lors que le plus graue son est à l'vnisson de la grosse cloche de nostre Dame, qui a le ton du second gresol du 8. pieds ouuert des orgues, lequel a 2. pieds & 8. pouces de hauteur: car la chorde faisant l'vnisson auec ladite cloche fait 60. tours, & autant de retours dans le temps d'vne seconde minute. Or bien que i'aye donné plusieurs vtilitez de la chorde penduë à vn clou, qui marque les secondes minutes, ou tel autre temps qu'on voudra, l'on peut s'en seruir en mille autres rencontres; par exemple si l'on considere le temps de l'vn des tours d'vne chorde attachée à la voûte d'vne Eglise, comme il arriue aux chordes, ou aux chaisnes qui soustiennent les lampes, les cierges, ou autres fardeaux, ou de celle que l'on attache au haut des fosses à minieres, ou à quarrieres, lors qu'on est au fond, l'on connoistra la hauteur des voûtes, & des puits, &c. car si l'vn des tours duroit le temps de la moitié d'vne minute, la hauteur du puits, ou de la voûte, c'est à dire la longueur de la chorde auroit 477. toises & demie. Mais puisque nous n'auons point icy de si grandes hauteurs, d'où l'on puisse faire cet essay, supposons seulement que le tour de la chorde dure 4 secondes minutes, c'est à dire la quinzieme partie d'vne minute, il est certain que la voûte aura 56. pieds de hauteur, prise depuis le poids de la chorde, comme l'on void dans la table de la 15. prop. du 2. liure des mouuemens, laquelle seruira à tous ceux qui voyent remuer les lampes dans les Eglises, pour conclure par leur mouuement la hauteur des voûtes, ou des autres endroits où leurs chordes, ou chaisnes sont attachées: l'on peut semblablement sçauoir le temps du tour des chordes, si l'on connoist la hauteur d'où elles sont suspenduës, puisque les hauteurs de la suspension, ou les longueurs des chordes doiuent estre en raison doublée des temps, & par consequent les temps en raison souz doublée, ou comme les racines des nombres qui expriment les longueurs desdites chordes.

L'on peut encore comparer le temps de la cheute des corps pesans tombans des mesmes lieux où les chordes sont attachées, auec le temps qu'ils employent à tomber perpendiculairement: par exemple, la chorde estant longue de 56. pieds, le poids qui luy est attaché fera chacun de ses tours en 4. secondes minutes: & le mesme poids tombant perpendiculairement, fait 32. toises dans 4. secondes, c'est à dire plus de 3. fois & demie dauantage que la longueur de la chorde. Mais si l'on prend seulement vne chorde de 3. pieds pour marquer les secondes minutes, le temps des cheutes perpendiculaires, & celuy des tours de la chorde suspenduë, & ses longueurs auront vne analogie plus facile à comprendre, car la chorde longue de 12. pieds fera vn tour dans le temps de 2. secondes; & le poids tombera perpendiculairement de 12. pieds dans vne seconde : la chorde longue de 48. pieds fera vn tour en 4. secondes, & le poids tombera perpendiculairement en 2. secondes de 48. pieds; de sorte que ledit poids tombant perpendiculairement aura tousiours le temps de sa cheute souz double du temps de chaque retour de la chorde de mesme lõgueur que ladite cheute; & si l'on prend seulement la moitié de chaque tour, c'est à dire la cheute seule, ou la seule ascension, ou le seul mouuement naturel, ou le seul violent du poids attaché à la chorde, lesdits temps seront égaux entr'eux; sauf neantmoins à en deduire ce que i'ay dit dans la 13. prop. du 2. l. des mouuemens, laquelle il faut lire auec la 14. & 15. prop. du mesme l. & la 20. du 3. l. où l'on void plusieurs obseruations tres-particulieres. Or l'on pourroit encore comparer l'vnion de plusieurs autres sortes de mouuemens à celle des mouuemens de l'air & des chordes qui font les consonances, par exemple celle de 3. ou 4. fleaux, dont on bat le bled dans les aires; de là vient que l'on reçoit du plaisir de voir 3. ou 4. hommes battre le bled dans l'Anjou, au Maine & ailleurs, lors qu'ils s'accordent bien: & celle de 3 ou 4. marchans ou chartiers qui font, ce semble, toutes sortes d'accords auec leurs foüets, qu'ils sçauent quelquefois manier si dextrement, qu'ils peuuent abatre vne epingle de dessus le bord d'vn verre tout plein d'eau ou d'autre liqueur, sans en respandre vne seule goute, comme l'on m'a asseuré. Sur quoy il est bon de remarquer l'inuention qu'vn braue gentilhomme du Dauphiné a trouuée, pour faire qu'vn seul homme batte le bled auec 8. fleaux, par le moyen d'vn clauier semblable à celuy de l'epinette. Ie laisse plusieurs autres artisans, qui font plusieurs sortes de bruits & de cliquetis en trauaillant, dont les rencontres & les vnions donnent quelque sorte de satisfaction, & la desunion apporte du mescontentement, comme il arriue à l'vnion, & à la disionction des sons, qui font les consonances & les dissonances.

FIN.

www.ingramcontent.com/pod-product-compliance
Lightning Source LLC
Chambersburg PA
CBHW070207230526
45471CB00002B/859